基础教育前沿探索

中小学综合实践活动课程实施策略

吴积军　编著

西安电子科技大学出版社

图书在版编目(CIP)数据

中小学综合实践活动课程实施策略/吴积军编著.
—西安：西安电子科技大学出版社，2018.10(2022.1 重印)
ISBN 978–7–5606–5140–8

Ⅰ. ① 中…　Ⅱ. ① 吴…　Ⅲ. ① 活动课程—中小学—教学参考资料
Ⅳ. ① G632.3

中国版本图书馆 CIP 数据核字(2018)第 228452 号

策划编辑　高维岳　邵汉平
责任编辑　张　玮　高维岳
出版发行　西安电子科技大学出版社(西安市太白南路 2 号)
电　　话　(029)88242885　88201467　　邮　　编　710071
网　　址　www.xduph.com　　　　　　电子邮箱　xdupfxb001@163.com
经　　销　新华书店
印刷单位　广东虎彩云印刷有限公司
版　　次　2018 年 10 月第 1 版　　2022 年 1 月第 3 次印刷
开　　本　720 毫米×1020 毫米　1/16　印　张　13
字　　数　129 千字
定　　价　48.00 元
ISBN 978–7–5606–5140–8/G

XDUP 5442001–3
如有印装问题可调换

综合实践课程与未来人才培养

（代序）

今天的学校课程体系是 18 世纪英国工业革命后形成和发展起来的，建立在以知识为核心的框架之上。应该说，相对于教育的随意化和碎片化来讲，这是一种教育的进步，此课程体系下的教学有利于单一学科知识的集中学习，保证学习效率，也是人类社会发展进程中解决实际问题和培养人才需要的必然产物。

这一课程体系毕竟被深深地打上了工业时代烙印，难免造成学科相对封闭、教学脱离学生生活实际。那些智慧的头脑早就意识到这一课程体系的不足之处。杜威的实用主义教育思想就是对传统学校教育的批判，指出教育不能只注重学生"静听"，没有动手与活动的机会，这将会阻碍儿童的自然发展，由此提出"教育即生活""学校即社会""做中学"等理念。陶行知则进一步发展了杜威的教育理念，他主张"生活即教育"，在 80 多年前就提出了儿童的六大解放——"解放儿童的头脑，使之能思；解放儿童的双手，使之能干；解放儿童的眼睛，使之能看；解放儿童的嘴，使之能讲；解放儿童的空间，使之能接触大自然和社会；解放儿童的时间，不逼迫他们赶考，使之能学习自己渴望的东西。"这些理念强调了教学应注重学生学习的实践性、体验性、综合化。

然而，知易行难，尽管我们认识到传统学科教学的种种弊端，但我们的教学实践却没有多少改变。新一轮课程改革的一个突出亮点就是开设了综合实践活动课，然而十多年的实践中并没有在中小学中得到很好的实施。几乎在这一轮课程改革的同时，中国工程院院士、原教育部副部长韦钰发起并亲自推动了中国"做中学"科学教育改革，但是并没有全面推开。之所以如此，主要原因是社会生活还没有发生本质的变化。今天，我们面临着一个即将发生深刻变化的时代，课程与教学不改变就无法跟上时代的步伐。如果说工业社会更需要不同门类的专才，那么信息社会则更需要处理复杂问题的复合型人才，许多社会问题尤其是全球性议题，单靠某个学科领域的知识和能力是很难解决的，需要综合多个学科领域的知识和能力。教授学生掌握好学习的能力，培养他们成为主动学习者，锻炼他们解决生活实际问题的能力，比传统的死记硬背知识更有效。

世界各国课程改革的一个基本趋势就是注重课程的综合性、实践性、生活化。2016 年 8 月，芬兰国家教育委员会在中小学全面实施了新的基础教育国家核心课程标准，其中"现象教学"的概念引起了全世界的广泛关注。所谓"现象教学"，就是事先确定一些源于学生生活现象的学习或研究主题，然后围绕特定主题，将不同学科知识融入新的课程模块，以这些课程模块为载体实现跨学科教学。

2017 年 10 月，教育部出台《中小学综合实践活动课程指导纲要》，正是呼应了课程改革的时代要求。综合实践活动课程从理论和政策层面回归了应有本质，成为从学生的真实生活和发展需要出发，从生活情境中发现问题，转化为活动主题，通过探究、服务、制作、体验等方式，培养学生综合素质的跨学科实践性课程。

综合实践活动作为全体中小学生必修的一门国家课程，究竟如何在学校实施，是使很多学校困惑的一件事。从多年的实践来看，广大的中小学对上好这门课并不是那么有把握，主要表现为教学的无序化、教师指导的形式化、教学评价的盲目化、教学管理的空泛化。很多教师认为综合实践活动课就是确定一个主题让学生去玩，至于为什么玩，玩什么，玩到什么程度，自己也说不清道不明。教师没有深入教学策略，就会出现整个教学过程随心所欲，想起什么教什么，任凭学生想怎么玩就怎么玩。教师缺乏对课程指导纲要的深入领会，对于研究性学习、劳动技术教育、信息技术教育、社区服务与社会实践四大领域区分不清，对于活动主题如何确定、活动如何开展、活动效果如何测评、教师在活动中如何站位以及如何有效指导也不知所以，故而把综合实践活动课常常上成了品德与社会课，课堂变成了技能的传授；教师对课程的过程性与终结性评价把握不清，要么只凭学生的活动作品评价，要么出几道题把学生考一考。由于综合实践活动课程的活动性学科特点，没有固定化、体系化的知识内容，也没有学科课程化的教材作为依托，课程资源源自社会资源，需共同开发与建设，因而学校对课程的组织和管理难以入手。

以上这些问题都需要广大的中小学管理者和一线教师在实践中不断摸索尝试。看到吴积军这本《中小学综合实践活动课程实施策略》，我似乎感到，总有一些校长、教师用专业精神和教育智慧热爱着这份事业。吴积军已经是远近闻名的名校长、名教师了，当他还在渭北高原一所乡村学校担任校长的时候就开始着手综合实践课程的实施，这种实践改变了那一所学校，也成就了他的成长。他多年在综合实践课的教学、研究中，坚持不懈，勇于探索，形成了扎实的理论功底和丰富的实践经验。这本书倾注了他多年的心血，对于广大的中小学教育者、管理者在综合实践活动课程实施过程中遇到的困惑一定会带来的启发和借鉴。

这本书的及时性不言而喻。2018 年 9 月，习近平总书记在全国教育大会的重要讲话中，把"劳"列入了全面发展教育理念，明确了综合实践课程的重要价值。劳动教育正是综合实践活动课程的重要使命。从培养目标来看，劳动教育具有多维目标，如劳动观念、劳动态度、劳动习惯和品质、劳动情感、劳动技能等。从育人功能来看，劳动教育具有融通性，融汇了德、智、体、美"四育"，可以立德、可以增智、可以强体、可以育美，体现了综合实践活动课程的本质要求。

希望更多的教师和教育管理者能够重视综合实践活动课程研究、思考和实践。

王彬武

(陕西省教育厅基础教育一处处长)

2018 年 10 月 12 日

目　录

第一章

综合实践活动课程的性质、

内容与目标

第一节　综合实践活动课程的性质与特点

一、综合实践活动课程的背景与特点

中小学生是祖国未来的建设者，是我国社会主义事业的接班人，是中华民族伟大复兴梦的后继践行者。他们的综合素质如何，直接关系到国家的前途和民族的命运。坚持立德树人，进一步深化以发展学生的创新精神和实践能力为重点的跨学科素养，成为我国当前基础教育改革与发展的重要使命。引导学生在社会生活中学会处理人与自然、人与自我、人与社会等基本关系，发展学生的科学精神与创新意识、信息意识与技术意识、劳动观念与动手能力，培养学生的价值体认、责任担当和参与社会实践的能力，是新时代素质教育的重要任务。为全面贯彻落实党的教育方针，全面深化考试评价改革，全面提高课程实施水平，基础教育的课程体系亟待改革与创新，设计与实施综合实践活动是适应这一需求的重要举措。

综合实践活动反映了学生个性发展的内在需要，体现了科技发展与社会进步的客观要求。每一个学生的个性发展都具有独特性、具体性，每一个学生都有自己的需要、兴趣和特长，都有自己的认知方式和学习方式，他们的发展不仅仅是通过书本知识的学习而获得的。综合实践活动为每一个学生个性的充分发展创造了真实生活空间。综合实践活动的设计与实施，有利于克服书本知识和课堂教学的时空局限，引导学生在社会生活中学习，在实践中发展。当今社会迅猛发展，产生了一系列新的问题，如环境问题、道德问题、国际理解问题、信息科技问题等等，这些问题都具有跨学科的性质，综合实践活动为学生参与、探究、理解这些新的社会问题提供了机会。

为了落实立德树人的根本任务，体现新时代社会发展和学生发展的特点与需求，教育部颁布了《中小学综合实践活动课程指导纲要》(以下简称《指导纲要》)，深刻总结了我国几十年基础教育课程改革的成就与问题，又积极借鉴国际课程改革的宝贵经验，必将为我国深化基础教育课程改革、构建信息时代基础教育课程体系产生深远的影响。

综合实践活动课程的构建——

一是全面落实党的教育方针的迫切需要。党的教育方针明确要求，坚持教育与生产劳动、社会实践相结合。党的十九大提出全面推进素质教育的要求。我国中小学生文化基础知识比较扎实，而创新实践能力相对薄弱，必须切实加强对中小学综合实践活动课程的指导，补上实践育人短板。

二是全面深化考试评价改革的迫切需要。加强和改进学生综合素质评价是中考、高考改革的重要内容。学生综合素质评价离不开综合实践活动课程这一重要载体，必须搭建好综合实践活动平台，提升并展示学生的综合素质。

三是全面提高课程实施水平的迫切需要。本世纪初新一轮基础教育课程改革十多年来，综合实践活动课程在培养学生综合素质方面发挥了重要作用，但也面临着不少问题，主要是对该课程性质、形态等缺乏准确的理解和把握，实施过程中盲目性和随意性较大，迫切需要加强规范和指导。

综合实践活动是从学生的真实生活和发展需要出发，从生活情境中发现问题，转化为活动主题，通过探究、服务、制作、体验等方式，培养学生综合素质的跨学科实践性课程。

学生的学习内容除了分门别类的学科课程外，还包括基于学生真实生活——经过反思与体验的日常生活课程。学生的学习活动除具有学科领域特点的学科实践外，还包括具有综合性与跨学科性的生活实践。

综合实践活动课程是一门生活课程。每一个学生每时每刻都置身基本的生活情境中，无论是个人情境、社会情境还是自然环境，只要经过反思，将之转化为问题情境与活动主题，运用个人经验和学科知识展开系统探究、体验与实践，就能发展学生的生活创造能力和生活责任意识，就具有无尽的课程价值。生活即课程。

综合实践活动课程是一门跨学科课程。生活世界中的任何事物与现象，无论多么细微与平常，如一丝头发，一片树叶，均具有整体性。要理解生活中的事物或现象，就需要多学科视野汇集、融合才能实现。综合实践活动课程必然是跨学科课程、跨学科学习，而且是综合程度最高的课程。

综合实践活动课程是一门实践性课程。生活是鲜活而独特的，有多少人就有多少种生活。生活具有地域性与时代性。生活内容千差万别、五彩缤纷。但是，探究和体验生活方式却具有共同性。"考察探

究""社会服务""设计制作""职业体验"等是发展学生核心素养的
活动方式，均具有实施或操作的关键要素。综合实践活动课程将发展
学生核心素养的先进学习方式、活动方式或实践方式视为课程。

综合实践活动课程是一门发展性课程。每一个年级有每一个年级
的生活，每一个学段有每一个学段的生活。生活探究与体验的目标、
内容、方式既具有发展的阶段性，又具有前后相继的连续性。自小学
一年级至高中三年级，十二年一贯设计且全面实施的综合实践活动课程
体现了"学习进阶"的理喻理念，关注学生的核心素养的纵向整体发展。

综合实践活动课程是一门必修课程。人自来到世间始终面对两个
世界，一是鲜活的、可感受的日常生活世界，二是由各种语言、符号
所构成的抽象的学科世界。这两个世界相互影响，相互作用。在我国
基础教育课程体系中，综合实践活动更多对应生活世界，各门学科课
程更多对应学科世界，二者既相对独立又相互影响、相得益彰。由于
综合实践活动课程不可替代、不可或缺的重要性，义务教育、普通高
中课程方案将之规定为必修课程，与学科课程并列设置，且相互联系。

综合实践活动课程既是一种特殊课程形态，又是一种学习方式。
作为一种特殊课程形态，它是学生在教师指导下，根据周密的活动设
计、在特定时间与地点、以小组或个人方式常态实施的生活探究与体
验活动。作为一种学习方式，它是探究、服务、制作、体验等"做中
学""创造中学"与"体验中学"等方式的融合。

信息时代为综合实践活动课程提出了新要求，创造了新条件，赋
予了新内涵。由于信息技术的普遍使用，以"记忆""熟练"和"重

复"为特征的简单认知创新性工作不能在信息时代生存。综合实践活动课程必须走出简单"走一走""看一看""玩一玩""练一练"的误区,以专家思维和复杂交往等素养为目标。**体现信息时代特征与精神,着眼发展学生的高级能力与社会责任感,是综合实践活动课程的新内涵。**以计算机模拟、模型化、虚拟现实、互联网通信、人工智能、搜索引擎等为代表的创新技术,为综合实践活动课程的设计与实施提供了前所未有的条件。综合实践活动继承了我国基础教育的优秀传统,体现了当前素质教育的内在要求和时代特征。

二、综合实践活动课程的价值追求

《指导纲要》中提出了综合实践活动课程的"四条理念"和"四类目标"。分别是:课程目标以培养学生综合素质为导向,课程开发面向学生的个体生活和社会生活,课程实施注重学生主动实践和开放生成,课程评价主张多元评价和综合考察,关注学生的价值体认、责任担当、问题解决、创意物化等方面的意识和能力。这为理解和实施综合实践活动课程提供了整体理论框架。该框架的价值追求至少包括如下三个方面。

1. 回归生活世界

人人向往美好生活。然而,生活的特点是美好之处与问题、困难相伴而生。美好生活从来都是通过解决问题和克服困难而创造出来的。只有当教育植根于生活世界,引导学生直面生活中的问题,学会将学科知识运用于解决生活问题，学生才能既形成直面生活问题、不逃避困难的积极态度，又学会理智解决生活问题、发展创造美好生活的能力。综合实践活动课程是体现生活的发展价值、教育价值的课程，它将形成直面生活问题的积极态度与解决生活问题的创造能力有机结合。作为直接体现生活价值的综合实践活动课程，不仅具有自身的独特价值，而且是各门学科课程彼此建立联系的纽带和产生意义的基础。只要学校教育以发展学生自由人格与促进社会进步为目标，就必然根植于现实生活；只要教育融于生活，综合实践活动课程就必然存在，尽管其名称、内容和表现形态可能随时代而变化。

2. 运用学科思维

尽管综合实践活动课程是一门生活课程、实践性课程，但它拒绝简单庸俗地联系生活，反对浅尝辄止地"探究"生活。运用学科思维和学科观念，理解生活世界中的事件、现象和问题，基于自己的理解从事考察探究、社会服务、设计制作、职业体验等活动，由此发展创新精神、实践能力和社会责任感。在此过程中，学科知识与学科观念通过应用和实践得到升华，这才是真正的综合实践活动课程。在信息时代，拥有学科思维、学科智能既是一个人从事创新性职业的必要条件，也是其参与日益复杂而多元的社会生活的条件，还是一个人自我实现的条件。诚如美国心理学家加德纳(Hoarner Gardner)所言，在未来社会，"倘若一个人不能至少稔熟一门学科，那他注定要任别人摆布"。因此，综合实践活动课程非但不排斥学科思维、学科素养，反而为其深入发展创造条件、寻找意义。

3. 践履社会责任

如学生在创新中学会创新，学生也必须在服务社会中学会服务，在责任担当中学会负责。践履社会责任是综合实践活动课程的核心价值之一。每个学生既是独立个体又是社会公民，是主动的学习者与负责任的公民两种角色的合一，学生要把学会服务作为学习内容和学习过程的有机构成。学习任何学科知识，教师都要尽可能帮助学生将之应用于所生活的家庭、社区、社会之中，要让学生从小在"用"中学、在服务中学。与此同时，学生在社会服务、职业体验等指定活动内容中，要有意识地运用学科知识和学科观念提出问题，反思问题产生的根源，在服务行动和职业操作中解决问题，由此学会服务、学会负责。通过综合实践活动课程，教师要帮助学生把在服务中学与学会服务结合起来，把培养学生成为主动的学习者与负责任的公民两种目的化为一体。

通过回归生活世界，发展学生直面人生问题、热爱生活、创造生活等生活素养；通过运用学科思维，发展学生学科理解、学科创造等学科素养；通过践履社会责任，发展学生的人格智力、交往能力、道德意识、社会实践能力、社会责任感等公民素养。这就是综合实践活动课程的核心价值追求。

三、综合实践活动课程基本理念

1. 课程目标以培养学生综合素质为导向

本课程强调学生综合运用各学科知识，认识、分析和解决现实问题，提升综合素质，着力发展核心素养，特别是社会责任感、创新精神和实践能力，以适应快速变化的社会生活、职业世界和个人自主发展的需要，迎接信息时代和知识社会的挑战。

2. 课程开发面向学生的个体生活和社会生活

本课程面向学生完整的生活世界，引导学生从日常学习生活、社会生活或与大自然的接触中提出具有教育意义的活动主题，使学生获得关于自我、社会、自然的真实体验，建立学习与生活的有机联系。要避免仅从学科知识体系出发进行活动设计。

3. 课程实施注重学生主动实践和开放生成

本课程鼓励学生从自身成长需要出发，选择活动主题，主动参与并亲身经历实践过程，体验并践行价值信念。在实施过程中，随着活动的不断展开，在教师指导下，学生可根据实际需要，对活动的目标与内容、组织与方法、过程与步骤等做出动态调整，使活动不断深化。

4. 课程评价主张多元评价和综合考察

本课程要求突出评价对学生的发展价值，充分肯定学生活动方式和问题解决策略的多样性，鼓励学生自我评价与同伴间的合作交流和经验分享。提倡多采用实质性评价方式，避免将评价简化为分数或等级。要将学生在综合实践活动中的各种表现和活动成果作为分析考察课程实施状况与学生发展状况的重要依据，对学生的活动过程和结果进行综合评价。

四、综合实践活动课程基本属性

(1) 它是义务教育和普通高中课程方案规定的必修课程，与学科课程并列设置，从小学到高中，各年级全面实施，所有学生都要学习，都要参加。

(2) 它是跨学科实践课程，注重引导学生在实践中学习，在探究、服务、制作、体验中学习、分析和解决现实问题。它可能涉及多门学科知识，但不是某门学科知识的系统学习，也不同于某一门学科中的实践、实验环节。

(3) 它是动态开放性课程，强调从学生的真实生活和发展需要出发，选择并确定活动主题，鼓励学生根据实际需要，对活动过程进行调整和改进，实现活动目的。课程实施不以教材为主要载体，不是按照相对固定的内容体系进行教学。在这一点上，与学科课程也有显著差别。

五、综合实践活动课程的意义与价值

综合实践活动作为国家规定必修课程，对中小学课程教学改革产生了四个方面的价值。

(1) 切实促进了学生学习方式的转变。学生以类似科学研究的方式去主动获取知识、综合运用知识解决问题，可以有效地转变学生被动接受学习的局面，促进自主、合作、探究等多样化学习方式在学科课程中推广和运用。

(2) 促使教师转变教育观念，充分认识到学校课程指向的不再仅仅是知识，也是经验和体验；它不仅可以预设，而且可以在师生互动中动态生成；教学不再仅仅是教师引导学生认识间接经验的过程，而是师生在生活世界中通过交往共同建构有意义的活动；教学中师生之间不再是授-受的关系，而是平等对话交往的关系；等等。

(3) 提高了教师的课程意识和课程开发能力。综合实践活动课程的具体内容是由学校自主来开发和实施的，教师在开发和实施该课程的过程中其课程意识和课程开发能力一定会得到锻炼和提高。

(4) 引导课程的生活化。综合实践活动立足实践，面向生活，为学生综合运用学科知识解决生活实际问题提供了广阔空间，搭建了现实平台。

第二节　综合实践活动课程的内容构成与活动方式

综合实践活动课程是由国家设置、地方指导和学校根据实际开发与实施的课程。国家教育主管部门着眼于宏观指导而研制综合实践活动指导纲要。地方教育行政部门加强管理并提供必要的专业支持。学校要根据纲要所设定的基本框架规划学生活动的基本类型、基本内容和具体活动方案。

一、综合实践活动课程内容

学校和教师要根据综合实践活动课程的目标，基于学生发展的实际需求，设计活动主题和具体内容，并选择相应的活动方式。

综合实践活动课程的内容选择与组织应遵循如下原则：

1. 自主性

在主题开发与活动内容选择时，要重视学生自身发展需求，尊重学生的自主选择。教师要善于引导学生围绕活动主题，从特定的角度切入，选择具体的活动内容，并自定活动目标任务，提升自主规划和管理能力。同时，要善于捕捉和利用课程实施过程中生成的有价值的问题，指导学生深化活动主题，不断完善活动内容。

2. 实践性

综合实践活动课程强调学生亲身经历各项活动，在"动手做""实验""探究""设计""创作""反思"的过程中进行"体验""体悟""体认"，在全身心参与活动的过程中，发现、分析和解决问题，体验和感受生活，发展实践创新能力。

3. 开放性

综合实践活动课程面向学生的整个生活世界，具体活动内容具有开放性。教师要基于学生已有经验和兴趣专长，打破学科界限，选择综合性活动内容，鼓励学生跨领域、跨学科学习，为学生自主活动留出余地。要引导学生把自己成长的环境作为学习场所，在与家庭、学校、社区的持续互动中，不断拓展活动时空和活动内容，使自己的个性特长、实践能力、服务精神和社会责任感不断获得发展。

4. 整合性

综合实践活动课程的内容组织，要结合学生发展的年龄特点和个性特征，以促进学生的综合素质发展为核心，均衡考虑学生与自然的关系、学生与他人和社会的关系、学生与自我的关系这三个方面的内容。对活动主题的探究和体验，要体现个人、社会、自然的内在联系，强化科技、艺术、道德等方面的内在整合。

5. 连续性

综合实践活动课程的内容设计应基于学生可持续发展的要求，设计长短期相结合的主题活动，使活动内容具有递进性。要促使活动内容由简单走向复杂，使活动主题向纵深发展，不断丰富活动内容、拓展活动范围，促进学生综合素质的持续发展。要处理好学期之间、学年之间、学段之间活动内容的有机衔接与联系，构建科学合理的活动主题序列。

二、综合实践活动课程的活动方式

综合实践活动的主要方式及其关键要素为：

1. 考察探究

考察探究是学生基于自身兴趣，在教师的指导下，从自然、社会和学生自身生活中选择和确定研究主题，开展研究性学习，在观察、记录和思考中，主动获取知识，分析并解决问题的过程，如野外考察、社会调查、研学旅行等，它注重运用实地观察、访谈、实验等方法，获取材料，形成理性思维、批判质疑和勇于探究的精神。考察探究的关键要素包括：发现并提出问题；提出假设，选择方法，研制工具；获取证据；提出解释或观念；交流、评价探究成果；反思和改进。

2. 社会服务

社会服务指学生在教师的指导下，走出教室，参与社会活动，以自己的劳动满足社会组织或他人的需要，如公益活动、志愿服务、勤工俭学等，它强调学生在满足被服务者需要的过程中，获得自身发展，促进相关知识技能的学习，提升实践能力，成为履职尽责、敢于担当的人。社会服务的关键要素包括：明确服务对象与需要；制订服务活动计划；开展服务行动；反思服务经历，分享活动经验。

3. 设计制作

设计制作指学生运用各种工具、工艺(包括信息技术)进行设计，并动手操作，将自己的创意、方案付诸现实，转化为物品或作品的过程，如动漫制作、编程、陶艺创作等，它注重提高学生的技术意识、工程思维、动手操作能力等。在活动过程中，鼓励学生手脑并用，灵活掌握、融会贯通各类知识和技巧，提高学生的技术操作水平、知识迁移水平，体验工匠精神等。设计制作的关键要素包括：创意设计；选择活动材料或工具；动手制作；交流展示物品或作品，反思与改进。

4. 职业体验

职业体验指学生在实际工作岗位上或模拟情境中见习、实习，体认职业角色的过程，如军训、学工、学农等，它注重让学生获得对职业生活的真切理解，发现自己的专长，培养职业兴趣，形成正确的劳动观念和人生志向，提升生涯规划能力。职业体验的关键要素包括：选择或设计职业情境；实际岗位演练；总结、反思和交流经历过程；概括提炼经验，行动应用。

综合实践活动除了以上活动方式外，还有党团队教育活动、博物馆参观等。综合实践活动方式的划分是相对的。在活动设计时可以有所侧重，以某种方式为主，兼顾其他方式；也可以整合方式实施，使不同活动要素彼此渗透、融会贯通。要充分发挥信息技术对于各类活动的支持作用，有效促进问题解决、交流协作、成果展示与分享等。

第三节　综合实践活动的课程目标

一、总目标

学生能从个体生活、社会生活及与大自然的接触中获得丰富的实

践经验,形成并逐步提升对自然、社会和自我之内在联系的整体认识,
具有价值体认、责任担当、问题解决、创意物化等方面的意识和能力。

二、学段目标

1. 小学阶段具体目标

(1) **价值体认**:通过亲历、参与少先队活动、场馆活动和主题教育活动,参观爱国主义教育基地等,获得有积极意义的价值体验。理解并遵守公共空间的基本行为规范,初步形成集体思想、组织观念,培养对中国共产党的朴素感情,为自己是中国人感到自豪。

(2) **责任担当**:围绕日常生活开展服务活动,能处理生活中的基本事务,初步养成自理能力、自立精神、热爱生活的态度,具有积极参与学校和社区生活的意愿。

(3) **问题解决**:能在教师的引导下,结合学校、家庭生活中的现象,发现并提出自己感兴趣的问题。能将问题转化为研究小课题,体验课题研究的过程与方法,提出自己的想法,形成对问题的初步解释。

(4) **创意物化**:通过动手操作实践,初步掌握手工设计与制作的基本技能;学会运用信息技术,设计并制作有一定创意的数字作品;运用常见、简单的信息技术解决实际问题,服务于学习和生活。

2. 初中阶段具体目标

(1) **价值体认**:积极参加班团队活动、场馆体验、红色之旅等,亲历社会实践,加深有积极意义的价值体验。能主动分享体验和感受,

与老师、同伴交流思想认识，形成国家认同，热爱中国共产党。通过职业体验活动，发展兴趣专长，形成积极的劳动观念和态度，具有初步的生涯规划意识和能力。

(2) **责任担当**：观察周围的生活环境，围绕家庭、学校、社区的需要开展服务活动，增强服务意识，养成独立的生活习惯；愿意参与学校服务活动，增强服务学校的行动能力；初步形成探究社区问题的意识，愿意参与社区服务，初步形成对自我、学校、社区负责任的态度和社会公德意识，初步具备法治观念。

(3) **问题解决**：能关注自然、社会、生活中的现象，深入思考并提出有价值的问题，将问题转化为有价值的研究课题，学会运用科学方法开展研究。能主动运用所学知识理解与解决问题，并做出基于证据的解释，形成基本符合规范的研究报告或其他形式的研究成果。

(4) **创意物化**：运用一定的操作技能解决生活中的问题，将一定的想法或创意付诸实践，通过设计、制作或装配等，制作和不断改进较为复杂的制品或用品，发展实践创新意识和审美意识，提高创意实现能力。通过信息技术的学习实践，提高利用信息技术进行分析和解决问题的能力以及数字化产品的设计与制作能力。

3. 高中阶段具体目标

(1) **价值体认**：通过自觉参加班团活动、走访模范人物、研学旅行、职业体验活动，组织社团活动，深化社会规则体验、国家认同、文化自信，初步体悟个人成长与职业世界、社会进步、国家发展和人类命运共同体的关系，增强根据自身兴趣专长进行生涯规划和职业选择的能力，强化对中国共产党的认识和感情，具有中国特色社会主义共同理想和国际视野。

(2) **责任担当**：关心他人、社区和社会发展，能持续地参与社区服务与社会实践活动，关注社区及社会存在的主要问题，热心参与志愿者活动和公益活动，增强社会责任意识和法治观念，形成主动服务他人、服务社会的情怀，理解并践行社会公德，提高社会服务能力。

(3) **问题解决**：能对个人感兴趣的领域开展广泛的实践探索，提出具有一定新意和深度的问题，综合运用知识分析问题，用科学方法开展研究，增强解决实际问题的能力。能及时对研究过程及研究结果进行审视、反思并优化调整，建构基于证据的、具有说服力的解释，形成比较规范的研究报告或其他形式的研究成果。

(4) **创意物化**：积极参与动手操作实践，熟练掌握多种操作技能，综合运用技能解决生活中的复杂问题。增强创意设计、动手操作、技术应用和物化能力。形成在实践操作中学习的意识，提高综合解决问题的能力。

第四节　综合实践活动课程的活动主题

综合实践活动课程以主题式活动完成，开发主题的原则要以学生的兴趣和生活实际紧密结合起来，针对不同年龄阶段的学生认知规律和兴趣特征开发主题：

中小学综合实践活动推荐主题汇总

活动方式 / 学段	考察探究活动	社会服务活动	设计制作活动		职业体验及其他活动	数量
			信息技术	劳动技术		
1~2年级	1. 神奇的影子 2. 寻找生活中的标志 3. 学习习惯调查 4. 我与蔬菜交朋友	1. 生活自理我能行 2. 争当集体劳动小能手		1. 我有一双小巧手——手工纸艺、陶艺 2. 我有一双小巧手——制作不倒翁、降落伞、陀螺等	1. 队前准备 2. 入队仪式 3. 少代会 4. 红领巾心向党	12
3~6年级	1. 节约调查与行动 2. 跟着节气去探究 3. 我也能发明 4. 关爱身边的动植物 5. 生活垃圾及的研究 6. 我们的传统节日 7. 我是"非遗"小传人 8. 生活中的小窍门	1. 家务劳动我能行 2. 我是校园志愿者 3. 学习身边的小雷锋 4. 红领巾爱心义卖行动 5. 社区公益服务我参与	1. 我是信息社会的"原住民" 2. "打字小能手"挑战赛 3. 我是电脑小画家 4. 网络信息辨真伪 5. 电脑文件的有效管理 6. 演示文稿展成果 7. 信息交流与安全	1. 学做简单的家常餐 2. 巧手工艺坊 3. 魅力陶艺世界 4. 创意木艺坊 5. 安全使用与维护家用电器 6. 奇妙的绳结 7. 生活中的工具 8. 设计制作建筑模型	1. 今天我当家 2. 校园文化活动我参与 3. 走进博物馆、纪念馆、名人故居、农业基地 4. 我是小小养殖员 5. 创建我们自己的"银行"(如阅读、道德、环保)	58

续表一

活动方式 / 学段	考察探究活动	社会服务活动	设计制作活动		职业体验及其他活动	数量
			信息技术	劳动技术		
3~6年级	9. 零食(或饮料)与健康 10. 我看家乡新变化 11. 我是校园小主人 12. 合理安排课余生活 13. 家乡特产的调查与推介 14. 学校和社会中遵守规则情况调查 15. 带着问题去春游(秋游)	6. 我做环保宣传员 7. 我是尊敬老人好少年	8. 我的电子报刊 9. 镜头下的美丽世界 10. 数字声音与生活 11. 三维趣味设计 12. 趣味编程入门 13. 程序世界中的多彩花园 14. 简易互动媒体作品设计 15. 手工制作与数字加工	9. 创意设计与制作(玩具、小车、书包、垃圾箱等)	6. 找个岗位去体验 7. 走进爱国主义教育基地、国防教育场所 8. 过我们10岁的生日 9. 红领巾相约中国梦 10. 来之不易的粮食 11. 走进立法、司法机关 12. 我喜爱的植物栽培技术	

续表二

活动方式/学段	考察探究活动	社会服务活动	设计制作活动		职业体验及其他活动	数量
			信息技术	劳动技术		
7~9年级	1. 身边环境污染问题研究 2. 秸秆和落叶的有效处理 3. 家乡生物资源调查及多样性保护 4. 社区(村镇)安全问题及防范 5. 家乡的传统文化研究 6. 当地老年人生活状况调查 7. 种植、养殖什么收益高 8. 中学生体质健康状况调查	1. 走进敬老院、福利院 2. 我为社区做贡献 3. 做个养绿小能手 4. 农事季节我帮忙 5. 参与禁毒宣传活动 6. 交通秩序我维护	1. 组装我的计算机 2. 组建家庭局域网 3. 数据的分析与处理 4. 我是平面设计师 5. 二维三维的任意变换 6. 制作我的动画片 7. 走进程序世界 8. 用计算机做科学实验 9. 体验物联网 10. 开源机器人初体验	1. 探究营养与烹饪 2. 多彩布艺世界 3. 我是服装设计师——纸模服装设计与制作 4. 创作神奇的金属材料作品 5. 设计制作个性化电子作品 6. 智能大脑——走进单片机的世界 7. 模型类项目的设计与制作 8. 摄影技术与电子相册制作	1. 举行大队建队仪式 2. 策划校园文化活动 3. 举办我们的315晚会 4. 民族节日联欢会 5. 中西方餐饮文化对比 6. 少年团校 7. 举行建团仪式(14岁生日) 8. 职业调查与体验	55

续表三

活动方式／学段	考察探究活动	社会服务活动	设计制作活动		职业体验及其他活动	数量
			信息技术	劳动技术		
7~9年级	9. 中学生使用电子设备的现状调查 10. 寻访家乡能人（名人） 11. 带着课题去旅行			9. 3D设计与打印技术的初步应用 10. 现代简单金木电工具和设备的认识与使用 11. 基于激光切割与雕刻的创意设计 12. 立体纸艺的设计与制作 13. "创客"空间 14. 生活中的仿生设计 15. 生活中工具的变化与创新	9. 毕业年级感恩活动 10. 制定我们的班规班约 11. 军事技能演练 12. "信息社会责任"大辩论 13. 走近现代农业技术	

续表四

活动方式\学段	考察探究活动	社会服务活动	设计制作活动		职业体验及其他活动	数量
			信息技术	劳动技术		
10～12年级	1. 清洁能源发展现状调查及推广 2. 家乡生态环境考察及生态旅游设计 3. 食品安全状况调查 4. 家乡交通问题研究 5. 关注知识产权保护 6. 农业机械的发展变化与改进 7. 家乡土地污染状况及防治 8. 高中生考试焦虑问题研究 9. 社区管理问题调查及改进 10. 中学生网络交友的利与弊 11. 研学旅行方案设计与实施 12. 考察当地公共设施	1. 集会服务我参与 2. 扶助身边的弱势群体 3. 做个环保志愿者 4. 农业科技宣传员 5. 参与公共文化服务 6. 做普法志愿者			1. 制定自然灾害应急预案及演练 2. 关注中国领土争端 3. 高中生生涯规划 4. 走进社会实践基地 5. 走进军营 6. 创办学生公司 7. 18岁成人仪式 8. 业余党校 9. 我的毕业典礼我设计	27
合计	42	21	25+26		38	152

说 明：

(1) 为了更好地理解和落实《指导纲要》提出的基本活动方式，表中所推荐的活动主题分别是以某一种活动方式为主来呈现的。这些活动方式不是孤立的，一个主题活动往往包含多种活动方式，在主题实施过程中需要学生经历不同的活动方式，才能使活动更加深入和完善。

(2) 表中所推荐的活动主题只是样例，其主要依据是：立足学生综合素质培养的需要，体现综合实践活动的特征；贴近学生的生活实际和年龄特征，反映时代发展和科技进步的内容，同时兼顾城乡差异；落实班团队活动和相关专题教育的要求。

(3) 表中列出的主题均有一定弹性，难度可深可浅，时间可长可短。有些主题在不同学段都可以实施，这里只呈现在某一学段，学校可根据实际情况灵活选择和安排。

(4) 表中所推荐的活动主题不做硬性规定，仅供学校选择参考。学校可结合实际开发更贴近当地学生生活、富有特色的活动。

考察探究活动推荐主题及其说明

学段	活动主题	简　要　说　明
1～2年级	1. 神奇的影子	体验踩影子游戏、手影游戏的乐趣，了解影子在生活中的应用；创作、交流简单的手影游戏、故事、舞蹈，初步体验科学探究的乐趣
	2. 寻找生活中的标志	通过访问、观察、实地考察收集生活中的各种标志，如安全标志、交通标志、社会团体类标志、汽车标志等，理解其含义。提高收集、整理、分析和利用信息的能力，初步树立规则意识
	3. 学习习惯调查	了解和观察本班(年级)同学在读写姿势、文具的使用、阅读与写字等方面的习惯，讨论、总结不良学习习惯的表现、危害，研究和分析养成良好学习习惯的方法；开展主题班队会，增强对学习习惯重要性的了解和重视。持续开展学习习惯宣传与纠错活动，相互帮助，自觉养成良好学习和行为习惯
	4. 我与蔬菜交朋友	通过访问、交流了解同学们对吃蔬菜的态度；到菜市场或菜田考察蔬菜的形状、种类，了解蔬菜的营养对学生成长的重要性；选择种植一种芽苗菜，体会种植的快乐与辛苦，增进对蔬菜的情感
3～6年级	1. 节约调查与行动	通过访问、调查、实地考察等多种方式，了解家庭(或学校、社区某些场所)的水(或电、粮食等资源、一次性生活用品等)的浪费情况，设计有针对性的节约方案；开展节约(合理用电、光盘行动、减少一次性用品使用)倡议与行动，并记录、分析效果，提高实践能力，增强节约资源意识
	2. 跟着节气去探究	结合二十四节气，观察身边的植物、动物、天气等物候变化；长期坚持，认真做好记录，并尝试编制当地的自然日历，理解农业生产与物候变化的关系；关注自然现象，探索自然变化，初步树立严谨求实、一丝不苟的科学态度

续表一

学段	活动主题	简 要 说 明
3～6年级	3. 我也能发明	观察、分析、讨论日常生活中各种用品、物件使用过程中的问题；学习和运用发明创造的多种方法，针对发明创造对象进行功能改进或重新设计，并在实际生活中加以应用和检验，提高动手能力，培养创新精神
	4. 关爱身边的动植物	观察身边常见的动植物，如校园植物、家庭(社区)宠物、大自然中的各种昆虫、农田中的动植物等；选择其中一种或多种进行小实验、分析与研究，了解其自然特征(习性)并自觉加以保护，增强关注自然、热爱自然的情感，提高科学探索能力
	5. 生活垃圾的研究	收集资料、了解国内外垃圾分类和处理的有关内容，调查、了解身边各种生活垃圾的处理方法；分析针对现状问题可采取的措施，设计家庭(学校、社区)垃圾箱和垃圾有效分类回收的方案，增强环境保护意识
	6. 我们的传统节日	结合时令，选择端午节、中秋节、重阳节、春节等一个或几个传统节日，利用收集资料、访问、实地考察等方法，了解节日的来历、习俗、故事等；参与体验该节日的1～2种习俗，并进行交流分享，增强对传统文化的探究意识和认同感
	7. 我是"非遗"小传人	了解非物质文化遗产的种类、特点、保护现状(如"二十四节气"等)，访问本地非物质文化遗产传承人；讨论传承和保护非物质文化的方法、措施和建议，开展非物质文化遗产的传承活动。理解、认同家乡传统文化，并乐于传承
	8. 生活中的小窍门	通过资料收集、调查、实地考察等方式了解各种生活小窍门，通过动手实验加以验证，设计宣传方案。丰富生活经验，锻炼动手实践能力
	9. 零食(或饮料)与健康	调查、交流同学们吃(喝)零食(饮料)的现状；通过查阅资料、访谈了解其对健康的影响，了解科学选择零食(饮料)的方法；动手制作1～2种健康零食(饮料)，并召开班级展示分享会，增强健康的饮食意识

续表二

学段	活动主题	简 要 说 明
3～6年级	10. 我看家乡新变化	通过调查、访问、参观等多种方式，了解和感受家乡在经济、文化、建筑、交通、生活方式等方面的变化与发展，用摄影、绘画、手抄报、作文、故事等多种形式，展示家乡新变化；增进知家乡、爱家乡的情感，增进建设家乡和祖国的责任感、使命感
	11. 我是校园小主人	通过观察、访问、实地考察等方式，了解和分析校园的自然环境、规划布局、设施设备、文化景观、文化活动以及安全保障等方面的状况，提出校园建设和发展建议，增进知学校、爱学校的责任感
	12. 合理安排课余生活	通过调查和了解同学们在学校课间、家庭、假期等时间的生活安排情况(如学习培训、健身、业余爱好等)；分析合理安排课余生活的方法与要求，制订合理利用课余生活的计划，开展有意义的课余活动，体验和记录活动感受，养成健康生活习惯，增强自我管理意识
	13. 家乡特产的调查与推介	通过资料收集、访问、实地考察等多种方式，了解和调查家乡的特产；设计与策划推介方案，增进热爱家乡、关心家乡、建设家乡的感情
	14. 学校和社会中遵守规则情况调查	收集信息了解学校和社会中的各种规则，如校规校纪、交通规则、公共文明行为准则等，增强遵守纪律意识；观察同学和社会公民在遵守规则方面的实际表现；通过访谈或问卷调查了解人们遵守规则的情况；针对观察、调查中发现的实际问题，提出提高人们规则意识的建议
	15. 带着问题去春游(秋游)	在春游(秋游)外出考察前，利用网络、书籍等多种途径，了解所去场所的基本情况、资源内容与特点，能够提出研究问题，设计考察方案；通过任务驱动的方式，有效地开展实践活动，获得研究结论；培养项目设计的意识和能力，积极参与校园生活，增强团队合作意识

续表三

学段	活动主题	简 要 说 明
7~9年级	1. 身边环境污染问题研究	通过调查了解身边水污染、空气污染、噪声污染、土壤污染、固体废弃物污染等任一环境污染的来源、现状及对身体健康的影响，提出合理的防治污染措施，减少环境污染，培养环境保护的意识
	2. 秸秆和落叶的有效处理	调查当地秸秆和落叶处理过程中存在的问题，分析焚烧秸秆和落叶的危害；走访能够有效处理秸秆或落叶的机构，了解处理秸秆和落叶的常用方法；开展实验，探索更加有效地处理秸秆和落叶的方法或措施，提高科学探索能力和社会责任感
	3. 家乡生物资源调查及多样性保护	收集资料，了解家乡主要动植物资源，实地考察这些动植物资源的生长、开发与利用的情况；针对在考察中发现的问题，提出保护当地生物多样性、合理开发利用生物资源的建议，增强关注自然、保护自然的意识，增进知家乡、爱家乡的情感
	4. 社区(村镇)安全问题及防范	实地考察社区(村镇)设施设备、人与车辆分流管理等方面的安全状况，寻找安全隐患；与管理部门沟通，提出防火、防盗等安全防范建议，并在社区中进行相关宣传，增强安全意识，提高社会责任感
	5. 家乡的传统文化研究	收集家乡历史文化典故，考察著名历史建筑，制作传统美食；了解当地服装服饰文化和传统庆典节日文化等方面的传统文化。理解和尊重家乡的传统文化，积极参与探究学习，对传承传统文化具有历史责任感
	6. 当地老年人生活状况调查	考察当地社会养老机构，如敬老院、老年公寓等；分别调查选择社会养老和居家养老的老年人生活状况，并对两类养老方式进行对比分析；主动为身边的老年人服务。弘扬尊老敬老的美德，加强关心老年人、积极为老年人服务的意识

续表四

学段	活动主题	简 要 说 明
7～9年级	7. 种植、养殖什么收益高	对当地自然、地理条件进行分析，了解适合的种植和养殖项目；从市场、技术、经济、工程等角度，对项目进行调查研究和分析比较，并对项目可能取得的经济效益及社会环境影响进行预测，为家庭选择合适的种植养殖项目提供参考，增强社会参与和责任意识，提高运用知识解决实际问题的能力
	8. 中学生体质健康状况调查	收集有关视力、身体形态、身体机能、身体素质等方面的资料；统计分析体质健康状况及运动、生活习惯的数据；访问医务人员和体育教师等专业人员；提出改善体质健康的方案并长期坚持，检验效果。关注自身体质健康，养成健康合理的生活习惯
	9. 中学生使用电子设备的现状调查	调查了解中学生使用手机、平板电脑、笔记本电脑等电子设备的主要目的；了解电子设备与数字生活的关系，知道过度使用电子设备对身心健康的影响；积极采取措施避免过度使用电子设备；培养较高的信息意识，提高数字化生存能力，主动适应"互联网+"等社会信息化趋势
	10. 寻访家乡能人(名人)	收集相关材料，进行人物专访，了解家乡某个领域能人(名人)的经历与成功故事，分析其成功的原因及对家乡的影响，进行宣传；增强热爱家乡的情感，积极为家乡做贡献
	11. 带着课题去旅行	围绕寻访红色足迹、中华文化寻根、自然生态考察等主题，收集研学旅行目的地的资料，寻找自己感兴趣的问题作为研究课题；带着课题参加研学旅行，通过实地考察和调查，完成课题研究和旅行活动；在活动中激发爱国热情，培育民族精神，增强保护自然的意识

续表五

学段	活动主题	简 要 说 明
10～12年级	1. 清洁能源发展现状调查及推广	收集信息了解清洁能源的特点，考察当地风能、太阳能等清洁能源设施或生产企业；设计在学校或社区中使用清洁能源的方案；调查新能源汽车发展前景和推广使用中存在的问题，在社区中宣传推广清洁能源；关注清洁能源的发展，主动选择清洁能源和相关产品，减少环境污染
	2. 家乡生态环境考察及生态旅游设计	设计方案实地考察家乡的湿地、森林、草原等自然生态环境；对当地生物多样性及保护情况进行研究，采访当地居民了解自然生态环境变化，提出保护建议；结合当地独特的自然生态条件，设计开展生态旅游的方案，在一些景点进行生态旅游的导览和讲解服务，增强热爱家乡、保护家乡自然生态环境的意识
	3. 食品安全状况调查	收集有关食品安全的信息，分析典型食品安全事故；考察当地食品制造企业或走访食品监督部门，调查当地食品安全状况和人们的食品安全意识；提出确保食品安全的方案，尝试用简单的实验方法对常见食品进行检测，编制食品安全手册，在社区中做食品安全科普宣传。增强食品安全意识，学会选购健康、安全的食品
	4. 家乡交通问题研究	收集资料，走访当地交通管理部门，了解交通拥堵的原因和减少拥堵的措施；到本地区比较拥堵的路口进行实地考察，记录不同时段交通拥堵的状况，对改善本地区交通拥堵问题提出建议；在学校周边做交通疏导，维护交通秩序；关注家乡交通问题，为缓解家乡交通拥堵做出自己的贡献，提高社会责任感
	5. 关注知识产权保护	访问当地知识产权部门，了解知识产权的相关知识；对身边公众的知识产权意识和行为进行调查，提出增强公众知识产权意识的建议；在参与各种创新活动中，尊重他人知识产权，并维护自身知识产权，增强尊重知识产权的意识，提高依法维权的能力

续表六

学段	活动主题	简 要 说 明
10～12年级	6. 农业机械的发展变化与改进	收集资料，实地考察，了解从传统农具到现代化农业机械设备的发展变化过程；分析比较各种农业机械的使用效果及成本，对农业机械的合理、充分使用提出改进建议；感受科学技术对农业发展的重大影响，激发创新意识
	7. 家乡土地污染状况及防治	收集资料、调查、实地考察、实验、走访相关部门，了解家乡土地污染状况及主要危害；分析造成土地污染的主要原因；提出防治家乡土地污染的合理措施及建议，为家乡环境保护做出自己的贡献，增强环境保护意识及社会责任意识
	8. 高中生考试焦虑问题研究	收集与考试焦虑相关的信息资料；通过问卷调查了解高中生考试焦虑状况；与心理医生或心理教师面谈，进行考试焦虑心理测试；采取措施，减轻自身考试焦虑，策划实施团队心理减压活动；学会调控考试带来的心理压力，促进身心健康发展
	9. 社区管理问题调查及改进	考察当前社区，分析社区在停车、清洁、安全、养宠物等方面存在的管理问题；调查居民对社区管理的看法，考察周边管理比较好的社区；走访小区管理处，提出改进意见，主动参与社区管理，维护社区环境，增强社会责任意识和积极为他人服务的意识
	10. 中学生网络交友的利与弊	通过资料收集、案例分析、访谈、调查等多种途径，了解中学生网络交友的相关信息；对网络交友的利与弊进行全面分析或展开辩论；提高信息安全意识，主动适应社会信息化趋势
	11. 研学旅行方案设计与实施	收集研学旅行目的地信息，设计研学旅行路线及行程，设计研学旅行参观考察内容，确定自己的研究课题；设计研学旅行成果的展现形式，在研学旅行活动后对设计方案进行反思和评估，提高规划、设计与实施的能力
	12. 考察当地公共设施	选择身边文化娱乐设施、无障碍设施、公共交通设施等进行考察；调查了解公共设施的状况及公众的满意程度，与管理人员沟通，提出改进建议；利用节假日引导公众更好地使用公共设施等活动，增强公共安全意识和社会责任意识

社会服务活动推荐主题及其说明

学段	活动主题	简 要 说 明
1～2年级	1. 生活自理我能行	清洁个人生活用品：会洗袜子、红领巾，会刷鞋，清洗水杯、脸盆等；学习用品分类整理：按学习需要准备学习用品，归类收纳学习用品，及时整理书包；清洁居室卫生：用完的物品放回原处，扫地，垃圾分类入箱，整理床铺，衣服分类摆放等。从力所能及的自我服务劳动做起，学会料理自己的生活，养成自己的事情自己做的好习惯
	2. 争当集体劳动小能手	集体服务劳动包括班级劳动、校园劳动、家务劳动、公益活动、社区服务等。例如：搞好(班级)公共卫生，整理红领巾队务阵地，会扫地、拖地、擦黑板、摆放桌椅等；帮助老师、家长等做力所能及的事；给校园花草树木浇水等。养成自己的事自己做、他人的事帮着做、公益(集体)的事争着做的劳动习惯和优良品质
3～6年级	1. 家务劳动我能行	帮助家长做力所能及的家务劳动(择菜、洗菜、洗水果、整理饭桌、洗碗筷等)，学会简单手工缝纫技术，学会一般衣物的洗涤(包括机洗)、晾晒和折叠方法；知道家庭安全用电、用火、用煤气等的方法，初步学会家庭触电、火灾的预防、急救与逃生；养成良好的劳动习惯，端正劳动态度，提高家庭责任感
	2. 我是校园志愿者	通过考察、访问了解校园志愿服务需求，了解不同岗位的职责和要求；学习开展服务的方法，了解相关注意事项；开展持续、有效、多样的校园志愿服务活动；利用班级、少先队活动等多种形式进行校园志愿活动的展示交流；积极参与校园志愿活动，具有团队合作意识，热心志愿服务活动
	3. 学习身边的小雷锋	寻访身边的"小雷锋"，总结分析他们的事迹；根据自身情况，设计自己(小组)的学雷锋行动计划，并开展实际行动，初步树立热心公益劳动、乐于助人的道德品质
	4. 红领巾爱心义卖行动	收集闲置的书籍、学习用品、玩具、手工艺品等物品；策划与组织爱心义卖活动，并在教师建议下合理使用义卖收入；提高爱心助人、团结合作的思想和意识，增强活动策划与设计能力，初步树立"循环经济""绿色生活"的环保意识

续表一

学段	活动主题	简　要　说　明
3～6 年级	5. 社区公益服务我参与	在社区或村委会参与如卫生打扫、环境维护、小广告清理等各种力所能及的便民利民性质的社区公益劳动；在班级交流分享参与过程与感悟体验，增强服务他人、社会的意识
	6. 我做环保宣传员	调查和发现身边存在的环境问题，分析可以采取的措施和解决办法，开展环境保护宣传活动，体验绿色生活方式，树立保护环境、节约资源的观念和生态意识
	7. 我是尊老敬老好少年	积极主动与身边的老年人沟通和交流，了解老年人的实际生活困难和需求；为身边的老年人做一些力所能及的事，并长期坚持；初步树立尊老敬老、主动为老年人提供服务的意识，增强社会责任感
7～9 年级	1. 走进敬老院、福利院	走进学校周边的敬老院、福利院、医院及社会救助机构，利用自己掌握的知识和技能，开展力所能及的志愿服务活动并长期坚持；培养关心他人、热心公益、积极为需要帮助的人提供帮助和服务的意识，增强社会责任感
	2. 我为社区做贡献	针对社区管理和社区居民的实际需求，利用自己的知识和技能为社区提供力所能及的服务，例如生活援助、公共卫生、困难帮扶、敬老爱老、亲情陪伴、科普宣传等，增强社会责任意识和热心公益、志愿服务的意识
	3. 做个养绿护绿小能手	积极参与对社区、学校、村庄、街道等处的绿地的养护和保护，如清除杂草、拣拾垃圾，劝阻他人破坏绿地的行为等，参与各种义务植树种草和认养绿地等活动，增强劳动意识和社会责任感
	4. 农事季节我帮忙	在农村播种、收割等农忙季节主动参与各种农事活动；体验生产劳动的艰辛与快乐，掌握一定劳动技能；热爱劳动，勤于动手，积极主动参与劳动
	5. 参与禁毒宣传活动	收集文献、访谈专家、观看展览，获得有关毒品预防的知识；承诺自己能够拒绝毒品；制作宣传手册，在社区中进行"远离毒品，珍爱生命"的宣传活动，树立珍惜生命、远离毒品的意识和社会责任意识

续表二

学段	活动主题	简　要　说　明
7~9年级	6. 交通秩序我维护	实地考察了解学校或家庭周边交通拥堵的原因；在容易出现交通拥堵的路口协助交警进行交通管理，劝阻不文明过马路的行为，提示行人注意交通安全，维护交通秩序，增强交通安全意识和社会责任意识
10~12年级	1. 赛会服务我参与	积极参与在当地举办的各种赛会活动，在赛会活动中进行语言服务、会议服务、接待服务等多方面的志愿服务活动，并及时总结参与赛会服务的经验和感受，增强热心公益、积极为他人服务的意识
	2. 扶助身边的弱势群体	对身边的孤寡老人、残障人士等弱势群体进行调查，了解他们在生活中的实际困难，对他们进行力所能及的帮助并长期坚持，增强关心并尊重他人、主动提供服务的意识
	3. 做个环保志愿者	收集环境污染及监测的资料，学习环境污染检测的方法；实地考察了解当地环境特点，现场取样，进行实验检测，作为志愿者，长期监测并为相应部门提供数据；开展保护环境、减少污染的宣传活动，发现破坏环境的行为及时劝阻，增强热爱并尊重自然、保护环境的意识和积极参与环境保护的社会责任感
	4. 做农业科技宣传员	主动学习有关农业科技的知识；积极参加所在社区、乡镇开展的农业科技宣传活动；向周围的农民进行农作物施肥技术要点、合理使用农药的技术、现代农业种植养殖技术、合理购买农用物资的方法等农业科技知识的宣传和推广，用自身掌握的科学知识为家乡的农业科技普及做出贡献，增强社会责任感和热爱家乡的情感
	5. 参与公共文化服务	走进图书馆、博物馆、公园等社会文化机构，进行志愿讲解、文化传播、图书整理、公园导览、维持秩序、图书导读等志愿服务活动，积极参与社会公共文化服务，增强人文素养和加强利用自身文化积淀服务公众的意识
	6. 做普法志愿者	自主学习法律常识，了解《宪法》《国家安全法》《消费者权益保护法》《治安管理处罚法》和《道路交通安全法》等法律法规的基本内容；结合国家宪法日、国家安全教育日、消费者权益日、世界环境日等走进社区，开展形式多样的普法宣传活动；增强法治意识，提高尊崇法治、依法行事、依法维权、热心公益和志愿服务的意识

设计制作活动(信息技术)推荐主题及其说明

学段	活动主题	简要说明
3～6年级	1.我是信息社会的"原住民"	认识计算机的外部组件,学习鼠标操作,体验用计算机听音乐、看电影、学习课件等。了解信息和信息处理工具,初步掌握计算机的基础知识和基本操作,认识信息、信息技术在社会生活中的重要性,建立初步的信息意识
	2."打字小能手"挑战赛	掌握键盘知识和基本指法,学会用键盘输入的方法,为今后的信息技术学习打好基础,体验数字化学习带来的乐趣
	3.我是电脑小画家	学习使用画图类的软件,利用鼠标作画来描绘身边的美好生活,熟练掌握鼠标操作的技巧,为今后的信息技术学习打好基础,同时形成相互协作、共同完成任务的意识
	4.网络信息辨真伪	启动浏览器,浏览网站,利用搜索引擎搜索并获取自己需要的信息,在此基础上,学习保存需要的网页。掌握在网络上搜索信息的能力,提高判断真实信息和虚假信息的能力
	5.电脑文件的有效管理	掌握查看文件的基本操作方法;新建文件夹,以及复制、移动、删除文件等;建立共享文件夹,在局域网中共享文件,体会文件在信息管理中的重要性
	6.演示文稿展成果	了解演示文稿的结构,学习在文稿中插入幻灯片,复制、删除、移动演示文稿中的幻灯片,在幻灯片中输入文字以及插入艺术字和图像;设置简单的动画效果,为演示文稿设置超链接和动作,保存、预览、打印文稿等;增强信息意识,培养利用数字化工具完成作品设计与创作的能力
	7.信息交流与安全	申请电子信箱并收发电子邮件,按需求管理电子信箱中的电子邮件,了解垃圾邮件的危害;学会使用一种即时通信工具;申请网络博客,并发表个人博客;了解计算机病毒,学习查杀计算机病毒的操作方法;养成规范、文明的交流习惯,树立安全意识

续表一

学段	活动主题	简 要 说 明
3～6年级	8. 我的电子报刊	录入文字并保存，设置段落对齐的方式、文字格式和间距，制作艺术字标题，在文档中插入图片，使用在线素材库，给文本框添加边框、背景、阴影等效果，绘制形状图，给文章添加页眉、页码、脚注，利用插入的表格进行求和、计算平均数、求最大数等，发布与交流电子报刊作品；了解文字处理软件的用途及使用方法，感受用表格展示信息的特点，初步形成数据处理的基本能力和意识
	9. 镜头下的美丽世界	使用数字拍照设备拍摄图像、视频，用图像管理软件浏览图像，设置图像管理软件的参数，学习批量操作图像文件，调整图像的明暗、色调，裁剪图像，为图像添加边框，生成电子相册等；学习用视频编辑软件截取视频片段、合并视频、转换视频文件的格式等；体验数字化图像、视频为人们生活、学习带来的便利，并初步接触知识产权、肖像权等知识，增强信息意识与信息社会责任
	10. 数字声音与生活	录制声音，保存声音，了解声音文件的基本格式，连接、混合声音，剪切声音片段，设置淡入淡出的效果，转换声音文件的格式等；体验数字化声频为人们生活、学习带来的便利，提高数字化学习与创新的信息素养，进一步加深对知识产权的理解，增强信息社会责任
	11. 三维趣味设计	了解三维设计的基本思路，理解三维设计的应用，用三维建模软件设计一些与学习、生活相关的物品，亲历在综合情境下运用多种技术实现个性化、定制化产品研发的过程；学会利用技术解决真实问题，并初步感受文化创意产品的传播规律
	12. 趣味编程入门	了解所学语言编程的基本思路，理解所学编程语言中程序设计的基本结构，掌握编程的方法和步骤，编写出简单的程序；通过学习简单的编程语言，初步树立计算思维的信息素养，为中高年级程序语言的学习打好基础

续表二

学段	活动主题	简　要　说　明
3～6年级	13.程序世界中的多彩花园	利用建模的思想，使用程序编写的方式绘制各种图案，结合其他工具制作出明信片或者填色书，让不同的学生进行手工填色，完成各种各样的精彩图画；体会程序设计在美术制作领域中的作用，体会技术和艺术之间取长补短的关系，提升审美素养
	14.简易互动媒体作品设计	使用常见的外部设备，结合常见的编程语言，设计出通过多样化的信息输入方式呈现出各种有趣效果的互动作品；培养将新奇创意变为现实的意识，掌握人机互动的原理，体会跨学科学习的魅力，提高动手实践能力
	15.手工制作与数字加工	将电路知识和艺术设计结合起来，制作一个手绘图案的盒子，将各种电子元器件连接在盒子内部，使之成为发光的盒子。然后利用计算机将手绘的图案变成可以复制的、大规模印刷的电子文档，制作一排"发光墙"；初步了解大工业生产模式和手工模式的区别和联系，亲历单元设计以及单元联结成大型装置的过程，理解模块的概念在艺术设计中的应用
7～9年级	1.组装我的计算机	熟悉计算机硬件的基本构成，掌握进制与编码，了解计算机的特点，认识常见的智能终端；了解计算机软件的基本构成、开源软件的发展等；认识计算机这类智能终端对人们日常生活带来的影响，提高数字化学习与创新素养，增强信息意识
	2.组建家庭局域网	了解因特网的发展历史以及在我国的应用现状，了解因特网对社会的影响；熟悉 IP 地址和域名的组成、类型以及发展趋势，理解 IP 地址、网址和域名三者的对应关系；认识常见的网络类型，熟悉常用的网络设备，利用无线路由器组建无线局域网；增强健康、安全使用网络的意识，进一步提高网络应用能力，增强信息意识与信息社会责任

续表三

学段	活动主题	简 要 说 明
7~9 年级	3.数据的分析与处理	学习电子表格软件管理数据和分析数据的思路和方法，根据主题开展数据调查，了解电子表格的基本功能，编辑加工和处理调查数据，建立统计图表，分析数据反映的现象和事实，编写数据分析报告；认识数据对人们日常生活的影响，进一步提高计算思维能力、数字化学习与创新素养，增强信息意识
	4.我是平面设计师	了解数字图形图像的分类和特点，认识图像分辨率与输入、显示、输出分辨率的关系以及图像颜色深度、色彩与图像文件大小的关系，掌握图像的常用存储格式及其格式转换、图像压缩的必要性及其主要压缩方法，以及图层、通道、滤镜、路径、蒙版的综合应用，形成二维平面设计的能力和意识，提高数字化学习与创新素养，增强信息意识和信息社会责任
	5.二维三维的任意变换	使用纸模型软件将三维建模软件生成的立体图案，转化成为二维的平面打印机可以打印的平面图纸，并且通过折纸粘贴等方式制作立体模型；了解三维和二维之间的关系，通过比较三维打印和纸模型粘接这两种构建三维形体的方式，体会不同工艺之间的区别和联系，并且能根据需要选择不同的工艺
	6.制作我的动画片	认识视频和动画文件的格式，了解视频的含义以及动画的基本原理，了解视频和动画的主要应用领域，掌握动画的制作流程，能根据主题制作简单的视频和动画作品；了解动画的应用及发展前景，学习简单的动画软件，体验动画在日常生活中的广泛应用，提高数字化学习与创新素养，增强信息意识和信息社会责任

续表四

学段	活动主题	简 要 说 明
7～9年级	7. 走进程序世界	了解程序设计的基本过程和方法；熟悉程序设计语言的用法，掌握常量、变量、函数等基本概念，理解程序的三种基本结构，知道人与计算机解决问题方法的异同，尝试编写、调试程序；激发编程的兴趣，培养逻辑思维能力，进一步理解计算思维的内涵，提高数字化学习与创新素养，增强信息意识和信息社会责任
	8. 用计算机做科学实验	通过计算机程序获取传感器实时采集的信息，并把这些信息记录在数据库中；对这些数据进行二次分析，验证之前的假设，甚至发现新的规律，初步感受大数据时代的研究方法，提高探究真实问题、发现新规律的能力
	9. 体验物联网	通过常见的开源硬件和电子模块，利用免费的物联网云服务，搭建各种物联网作品，如校内气象站、小鸡孵化箱等项目，体验物联网的应用；理解物联网的原理，熟悉常见的传感器编程方法，掌握物联网信息传输的常见方法，培养参与科学研究的兴趣，提升综合素质
	10. 开源机器人初体验	通过常见的电子模块，用 3D 打印或者激光切割等方式自制各种结构件，结合开源硬件，设计有行动能力的机器人；初步了解仿生学，分析生物的过程和结构，并把得到的分析结果用于机器人的设计，体验跨学科学习

设计制作活动(劳动技术)推荐主题及其说明

学段	活动主题	简 要 说 明
1～2年级	1.我有一双小巧手——手工纸艺、陶艺	学习简单的手工制作,通过动手制作折纸、纸贴画、纸编,玩泥巴(手捏陶泥、轻黏土、软陶)等,掌握纸工、陶泥制作的简单技法,初步体验动手操作的乐趣
	2.我有一双小巧手——制作不倒翁、降落伞、陀螺等	选择日常生活中的多种材料,制作不倒翁、降落伞、陀螺等玩具;探究、交流制作方法,提高动手操作能力及探究兴趣
3～6年级	1.学做简单的家常餐	掌握几种简单的烹饪技能,学会洗菜、切菜、拌凉菜、炒家常菜和炖菜等;学会煮面条、包馄饨和包水饺等;了解健康饮食的重要性,感受劳动和生活的乐趣,形成积极的劳动态度
	2.巧手工艺坊	利用纸质、布质等多种材料学习传统手工艺制作技术,包括:纸艺、布艺、编织、刺绣、珠艺、插花艺术等;初步树立技术意识,培养实践创新精神、动手能力和审美情趣
	3.魅力陶艺世界	学习陶土材料(软陶、轻黏土等)的捏塑、盘筑、镶接等基本技能;有条件的可尝试自制个性化的陶艺手工作品;学习陶艺基本技艺,自主探究创作,激发好奇心和想象力
	4.创意木艺坊	使用手工锯、曲线锯、木板、KT板、乳胶、砂纸等工具和材料,初步掌握木工直线锯割和曲线锯割技术,运用插接、钉接、粘接等连接方法制作小木工创意作品;在学习木工基本技艺过程中,学习创意表达,提高动手实践能力,体验工匠精神
	5.安全使用与维护家用电器	了解家用电器的种类并建立家用电器档案;了解1～2种家用电器的发展过程,理解创造发明对社会发展的作用;会阅读简单的家用电器说明书,并在家长指导下学习正确使用及安全维护的方法。感受技术对社会进步的影响,进一步增强技术意识,养成自主学习的良好习惯

续表一

学段	活动主题	简 要 说 明
3～6年级	6.奇妙的绳结	了解绳结种类、符号，学习绳结的编织技法，初步掌握编织工具的使用方法，学会中国结、救生结等装饰结和实用结的设计与制作；感受中国民间艺术的魅力，理解生命意义和人生价值，提高安全意识和自我保护能力
	7.生活中的工具	观察五金店或调查家庭中的常用工具和简单机械；设计《生活中工具和简单机械的调查表》，将身边的常用工具(筷子、开瓶器、起子、扳手等)以及课堂教学活动中使用的工具和简单机械(剪刀、美工刀、尖嘴钳、木工小机床等)的名称、作用、用途等列出来；认识其作用、原理、用途，并学会使用常用工具和简单机械；学会根据需要来选择合适工具和机械，培养科学探究精神和技术意识及能力
	8.设计制作建筑模型	了解房屋的一般结构；知道本地民居、校园的基本建筑式样与材料、基本特征与功能。用木板、纸板、KT板、陶泥等多种材料制作民居、校园等建筑模型；初步学习识读图纸，会表达设计思想，初步形成技术设计能力，增强环保意识、人文情怀和审美情趣
	9.创意设计与制作(玩具、小车、书包、垃圾箱等)	在生活中收集各种材料和用具，特别是一些废旧物品，根据一定的科学原理，尝试进行创意设计，制作简单的玩具、小车、书包、垃圾箱、水火箭等，激发创新精神，提高动手实践能力
7～9年级	1.探究营养与烹饪	了解本地传统美食及其营养价值，分享美食文化，学做几种家常菜肴；调查了解家庭成员营养需求和饮食习惯，提出合理的食谱，撰写健康饮食倡议书，提高健康饮食的意识，养成良好的饮食习惯
	2.多彩布艺世界	学习手工缝纫基本针法，掌握简单机缝技术，完成有实用价值的布艺创意作品的设计与制作，用缝制抱枕、印制创意T恤、改造衣服等方式，美化生活；充分发挥想象力和创造力，增强环保意识，养成节约资源的习惯，提高实践创新能力

续表二

学段	活动主题	简 要 说 明
7~9年级	3. 我是服装设计师——纸模服装设计与制作	通过简易纸模服装作品的设计与制作，学会画设计简图；根据简图裁剪制作，知道简易服装制作的一般流程，度量、设计、打样、裁剪、缝制；设计并制作一件创意纸模服装；在技术学习过程中，提高图样表达能力，进一步提升想象力、实践创新能力和审美情趣
	4. 创作神奇的金属材料作品	认识生活中常用的金属材料，初步掌握金工工具的使用方法，学习易加工金属材料(金属丝、金属片等)的加工技能和金属作品设计的一般方法，完成金属作品的创意设计与制作，如金蝉脱壳、九连环等；激发技术学习兴趣，使个体主观表现和创造发挥相结合，提高实践创新能力
	5. 设计制作个性化电子作品	学习电子相关知识，了解电路原理，初步掌握电子制作的基本技术和方法，能阅读简单电子线路图，运用相关工具和材料，照线路图进行连接；在此基础上，设计制作各类创意电子作品；亲历电子作品的制作过程，提高对电子产品的认识，增强学习电子知识的兴趣，提升电子制作的能力
	6. 智能大脑——走进单片机的世界	认识生活中无处不在的单片机控制系统(如红绿灯、电梯、自动门等)，了解单片机的功能，学会简单的图形化编程方法，能够实现传感器、控制电路、执行器的简单电路搭建，完成一定的功能，如模拟红绿灯、车库抬杆控制器等，激发创新精神，锻炼动手能力；有条件的学校可以开展基于单片机的智能控制学习，搭建寻迹小车、温控风扇等智能控制产品
	7. 模型类项目的设计与制作	学习设计、制作"三模"(航模、海模、车模)等，掌握相关工具、设备的使用方法，初步认识常见的具有动力源的机械，可尝试通过改变某些条件来提高运动能力，以此增强对不同动力的再认识并取得实际操作经验；亲历模型的设计、制作过程，理解简单机械的组装、传动方式及制作流程，弘扬勤于实践、敢于质疑、勇于创新的精神，养成科学严谨的制作态度
	8. 摄影技术与电子相册制作	掌握摄影技术以及与电子相册制作有关的知识和基本技术。通过查阅资料、课堂交流讨论及教师指导，获得小型数码相机及单镜头反光式数码相机的有关知识和摄影技术，初步学会使用数码相机；学会利用相关的图像编辑工具修饰照片和制作电子相册；拍摄兼具技术与艺术的照片，增强发现美的意识，并通过展示美——制作电子相册，提高信息技术应用能力

续表三

学段	活动主题	简　要　说　明
7～9年级	9. 3D 设计与打印技术的初步应用	了解 3D 打印技术原理，学习三维建模的方法和使用 3D 打印机的方法，了解 3D 打印的限制条件，学习产品设计应考虑的基本原则以及设计中的人机关系；运用 3D 打印技术进行创新设计，打印简单模型；认识与掌握先进技术，提高创新设计能力。有条件的学校可以配备多种打印方式与打印材料的 3D 打印机
	10. 现代简单金木电工具和设备的认识与使用	学习几种现代简单的金、木、电加工工具和设备的使用方法，并能安全、规范地使用工具和设备，运用不同材质来设计制作创意作品和建筑、桥梁等模型；学习掌握应用技术，培养精益求精的技术意识以及安全使用工具、设备的意识，弘扬做事情认真、敬业、执着的态度以及勇于创新的精神
	11. 基于激光切割与雕刻的创意设计	了解激光切割的技术原理，会操作激光切割机，学习使用 AutoCAD 等软件，设计模型构件并进行激光切割，组装成立体模型；了解激光雕刻的技术原理，会进行构件表面的雕刻设计与操作；了解与认识先进技术，激发创新意识，搭建创意设计的快速展现平台
	12. 立体纸艺的设计与制作	知道利用纸质材料进行立体构成的技术原理，学习几种简单的操作方法，设计并制作简单的纸立体构成作品；亲历纸立体构成的设计与制作过程，感悟纸工艺的应用
	13. "创客"空间	大胆想象，提出符合设计原则且具有一定创造性的构思方案，主动参与创新实践，自主确定创新作品主题并进行设计，完成制作，实现奇思妙想；注意传统手工技术与现代技艺结合，在技术创新实践过程中，提升技术并交流创意，提高批判质疑和问题解决能力，弘扬"创客"精神
	14. 生活中的仿生设计	通过调查了解生物仿生的常识，如参观博物馆仿生展览、实地考察仿生建筑，调查仿生学在生活中的应用；根据仿生原理进行仿生设计，关注生物多样性，利用各种生物的特性进行仿生设计，提高创新精神和解决问题的能力
	15. 生活中工具的变化与创新	观察生活中灯具、清洁工具、学具、教具、灶具等各种工具存在的问题，通过参观博物馆、访谈等方式收集各种生活工具发展与变化的资料，进行创新设计或改进，制作出一个新型工具；关注生活中工具的发展带来的生活变化，体验科技的进步，激发创新精神，提高动手实践能力

职业体验及其他活动推荐主题及其说明

学段	活动主题	简 要 说 明
1～2 年级	1. 队前准备	知道少先队组织含义和入队标准，有强烈的入队意愿，通过实际行动掌握队前教育知识和技能，用行动志愿加入光荣的少先队组织，成为一名合格的少先队员
	2. 入队仪式	通过庄严的入队仪式，帮助队员明确身份和责任，为队员的组织成长留下痕迹
	3. 少代会	了解或参与少代会，产生向往和体验队组织生活的情感
	4. 红领巾心向党	了解、区分党、团、队旗的特点，了解共性，达到认识组织标志、简单了解组织间领导和发展关系的目的
3～6 年级	1. 今天我当家	通过记录家庭一日支出、制订购物计划、合理支配个人零花钱、了解购物小常识、自购学习用品、尝试当家一天、学习正确选购简单安全的食材等活动，初步树立理财意识，养成勤俭节约的生活习惯，培养对父母的感恩之心
	2. 校园文化活动我参与	通过访问、考察等方式调查与了解本校各种校园文化活动(如值周活动，各种社团活动，各种重要节日活动，校园体育、阅读、艺术、科技节等)的实施要求，选择自己感兴趣的活动参与其中，从中发现问题，提出改进措施，增强参与服务意识，提高发现问题的能力
	3. 走进博物馆、纪念馆、名人故居、农业基地	在外出考察前，利用网络、书籍等多种途径，了解社会资源单位的基本情况、资源内容与特点；提出研究问题，设计考察方案；通过任务驱动的方式，有效地开展实践活动，获得研究结论；增加对本地自然和社会生活的了解，增长生活经验，增强社会适应能力
	4. 我是小小养殖员	在教师的指导和组织下，亲手饲养1～2种常见小动物(如小金鱼、小乌龟、小白兔等)，农村地区的学生可以帮助家人养家禽等，记录饲养过程，完成它们成长过程的观察记录，懂得饲养的正确方法；学会用数据、照片、视频、语言描述等方法交流自己的观察结果和饲养体验；初步了解并掌握若干种小动物饲养的简单方法，增强关爱小动物以及人与动物和谐相处的生态意识

续表一

学段	活动主题	简要说明
3～6年级	5. 创建我们自己的"银行"(如阅读、道德、环保)	讨论和分析如何通过创建"银行"来解决各种日常(班级)生活中的问题(如阅读问题、道德意识、环保意识培养等);开展规则制定、任务分工、运用实验及效果分析等活动,提高活动策划与组织实施能力
	6. 找个岗位去体验	联系学生家长单位或学校周边商场、图书馆、派出所、环保局等单位,体验理货、整理图书、打扫卫生、协警等岗位;初步体验职业,感受不同职业的劳动,体会各种职业劳动的艰辛;初步树立尊重别人劳动成果的意识,体会劳动创造幸福生活的内涵
	7. 走进爱国主义教育基地、国防教育场所	利用网络、书籍等多种途径,了解要参观考察的爱国主义教育基地(禁毒教育基地、安全教育基地、红色旅游区)、国防教育场所的基本情况、资源内容与特点;提出自己想研究的问题,在参观和考察过程中尝试解决问题,增强爱国主义情感和国家认同感
	8. 过我们10岁的生日	一起过10岁集体生日,凝结友情,增强集体凝聚力;梳理自己和集体的成长足迹,避免攀比等负面现象,确定自己和集体新的成长目标,关注个人与集体共同的成长、收获,感恩父母、师长、同伴
	9. 红领巾相约中国梦	从少先队员的视角采访亲朋好友及社会各行业的人,了解个人成长、发展与实现中国梦之间的关系,激励自身努力增长本领和才干,为实现中国梦做出自己的贡献
	10. 来之不易的粮食	调查和实地考察农民,了解当地主要粮食作物的种类,认识各种粮食作物,观察农作物生长,体验作物栽培管理(如除草、间苗、浇水、施肥等),感受粮食的来之不易,初步树立爱惜粮食、尊重他人劳动成果的意识和行为习惯
	11. 走进立法、司法机关	收集信息了解人民代表大会、法院、检察院等的职能;走进当地人民代表大会、法院、检察院等;与立法、司法机关工作人员进行座谈;旁听法院庭审;组织开展"模拟审议""模拟法庭"等活动;交流分享对法律尊严的理解和认识,尊崇法治,敬畏法律,具有规则与法治意识

续表二

学段	活动主题	简要说明
3~6年级	12. 我喜爱的植物栽培技术	在教师的指导和组织下，亲手种植1~2种常见农作物或花卉，观察记录它们的生长过程，掌握栽培的基本方法；学会用数据、图画、语言描述等方法交流自己的观察结果和种植体验；学会使用简单的种植小工具，初步掌握种植的一般方法，增强与自然和谐相处的生态意识
7~9年级	1. 举行大队建队仪式	成立初一少先队大队，集体参观爱国主义教育基地，学习和了解抗战和祖国发展历史，增强民族自尊心、自信心、自豪感，增强少先队员的责任意识和爱国意识
	2. 策划校园文化活动	调查同学们对校园文化活动的想法，结合需求策划一次校园文化活动，如科技节、艺术节、读书节、体育节等；在学校或班级中实际开展校园文化活动；在校园文化活动中承担各种志愿服务工作，树立主动参与学校管理、积极为同学服务的意识
	3. 举办我们的315晚会	收集身边侵害消费者权益的事件和案例；走访当地消费者协会；参与消费者维权活动；在此基础上设计并举办一场315晚会，展示同学们参与消费维权活动的成果，提高依法维权的意识和能力
	4. 民族节日联欢会	通过文献检索和对身边不同民族的人进行访谈，获得相关民族节日的资料；调查同学们对不同民族节日的了解程度；举办联欢会，进行民族服装展示、美食制作，或各种民族节日庆典、习俗表演，展示不同民族的习俗与风情；加深对各民族文化的理解和尊重，促进民族和谐
	5. 中西方餐饮文化对比	查阅文献，到中、西餐馆考察、采访，收集相关资料，比较中西方文化差异，通过讨论、辩论、表演中西方用餐礼仪等多种方式，加深对中西方多元文化的理解和尊重，能够包容文化的多样性和差异性
	6. 少年团校	学习党团发展历史、共青团员权利义务、团的基本常识，了解入团的程序和团员标准，在高年级团员同学带领下学习共青团的性质、任务，激发向上向善的决心

续表三

学段	活动主题	简要说明
7～9年级	7. 举行建团仪式(14岁生日)	告别少先队，迎接共青团；举行新团员集体宣誓仪式；参观爱国主义教育基地。通过离队建团仪式，做好团队衔接，树立初步理想信仰，争当"中国梦"的筑梦者
	8. 职业调查与体验	了解或亲身体验父母、亲戚所从事的职业，大致了解职业分类；选择某个职业进行体验，感受职业生活的辛苦与快乐，初步尝试制订自己职业生涯规划，增强自我规划意识，为自己将来选择和规划职业生涯奠定基础
	9. 毕业年级感恩活动	通过参观等活动了解国情党史，感受社会温暖，理解体会父母恩、老师情；开展为父母和母校制作毕业礼物等活动，重温历史，懂得感恩，立志艰苦奋斗，培养回报社会的情感和社会责任意识
	10. 制定我们的班规班约	自主收集并学习《中学生日常行为规范》、学校规章制度等文件；从纪律、学习、卫生、礼仪、安全以及班级特色等多方面考虑，提出本班同学需要遵守的班规班约及实施办法；全班同学参与讨论，确定班规班约；一段时间后，检查同学们对班规班约的执行情况，并针对问题做出调整，增强遵守规则的意识，提高自律能力
	11. 军事技能演练	通过投掷、攀登、越野、远足、制作航(船)模、识图用图、无线电测向等军事活动的技能训练以及听革命传统故事，培养机智勇敢、坚韧不拔的精神，提升综合国防素质
	12. "信息社会责任"大辩论	了解信息的概念及主要特征，认识信息与信息媒体的区别与联系；理解信息技术的概念，体验信息技术在社会发展中的重要作用，认识信息技术对人类生活、工作、学习的影响；了解信息技术学科的前沿发展状况，知道影响网络安全的因素和基本安全防护策略，认真思考在信息社会应遵循的信息道德规范，养成健康、安全的网络行为，增强信息意识与信息社会责任

续表四

学段	活动主题	简 要 说 明
7～9年级	13. 走近现代农业技术	在教师的指导下，参观动物饲养场，学习一种常用饲料的配制方法；采集农作物病害标本，捕捉当地常见农业害虫，向农民和农业技术人员请教病虫害的特征和防治方法，可小组合作进行简单生物治虫试验；学习无土栽培技术，学会人工配制一种培养液，尝试用水培、基质栽培等方法种植植物；合作制作简易的节水灌溉装置或人工温室装备，尝试进行日光温室种植蔬菜、花卉试验；了解当前几种先进的农业技术及其发展趋势，体会现代农业技术高效、节能、生态的优点，培养与技术相联系的经济意识、质量意识、环保意识等
10～12年级	1. 制定自然灾害应急预案及演练	收集信息，了解当地可能发生的自然灾害；走访当地防灾减灾部门，了解防灾减灾措施；制定家庭及学校自然灾害发生时的应急预案并进行演练，提高防灾减灾的意识和能力
	2. 关注中国领土争端	结合时事，收集当前中国有领土争端的地域，如钓鱼岛、南海诸岛等的历史，认识南海诸岛是中国领土的组成部分，钓鱼岛是中国固有领土，中国对其拥有无可争辩的主权；通过调查、访谈，了解公众对中国领土争端的态度，提出捍卫我国领土、解决领土争端的想法和观点，激发爱国主义情感，增强捍卫国家领土主权的意识
	3. 高中生生涯规划	收集信息了解生涯规划常识，进行相关心理测试，多种途径调查了解自己的理想职业，进行职业体验，整体规划自己的职业生涯，并对其他同学的生涯规划提出建议，提升规划意识，积极为今后人生发展做好准备
	4. 走进社会实践基地	走进博物馆、纪念馆、名人故居、农业基地、科技馆等教育基地，实地考察和收集文献了解教育基地的详细信息，认识和感受古今中外人文科技领域的文明和成果。开阔视野，提高人文素养、科学素养和艺术素养

续表五

学段	活动主题	简 要 说 明
10～12年级	5. 走进军营	走进军营、学生军事训练基地，参观军营，与军营官兵共同生活训练，学习国防知识，观看经典军事题材影片，学唱革命歌曲，参与军事训练，开展各种军训相关技能竞赛，担任警卫哨等，增强国防安全意识和集体意识
	6. 创办学生公司	收集信息，学习了解商业运行的基本模式；自愿结成小组，使用自己的零花钱作为启动资金，共同创办一个学生公司；召开股东会，竞选管理人；选定公司营销的产品，确定消费人群；开展生产和销售，产品财物登记；实际运营一段时间后进行评估和清算；总结反思公司运营的经验和教训。通过实际经营一个企业，体验创业过程，初步培养创业精神、沟通能力和营商能力
	7. 18 岁成人仪式	在国旗下进行成人宣誓，读父母信件和给父母回信，接受成人祝福，受赠宪法读本，参观爱国主义教育基地，重温国情党史，明确成人的含义及成年人的责任，思考未来发展方向，立志成长
	8. 业余党校	学习党的基本知识、党的发展历史，明确党的性质、任务以及党员的权利义务，了解入党的程序和党员标准，激发热爱党的感情
	9. 我的毕业典礼我设计	收集整理三年校园生活的片段；面向全体同学进行调查，据此设计和制定符合本届毕业生需求的个性化毕业典礼；开展向母校赠送礼物、与恩师话别、重温父母恩情等活动；锻炼实践能力，增强感恩意识，举办令人印象深刻的毕业典礼

第二章

综合实践活动

实施策略

第一节　教师课堂教学指导策略

综合实践活动的实施在坚持学生自主选择、主动实践的前提下，强调教师对学生的指导。虽然综合实践活动的开设带来教师角色的根本性变革，由传统的主导者、支配者转变为帮助者、参与者，学生的发展水平决定了教师要在以下方面给予切实的指导：

（1）创设问题情境，激发内在动机，帮助学生确定活动和探究的方向。

（2）审视学生预期的探究方法与实践途径的可行性并进行相应的指导。

（3）督促和激励学生的实践与探究活动，帮助他们克服困难，保证活动的持续进行。

（4）拓宽学生的思维，将体验与探究活动引向深入。

（5）指导合作方式与技术，保持有效的小组合作与分工。

（6）引导学生选择适当的结果呈现方式。

（7）指导学生对活动进行适当的反思。

针对于不同年龄段的中小学生，以上方面指导的力度应有不同。年级越低，指导的力度应越大。在指导过程中，教师要努力成为一个倾听者和交往者，重视学生的内心世界，倾听他们的认识和感悟，并给予相应的认可和鼓励，使他们的天性得以充分发展。在倾听学生自己的想法的基础上，帮助学生在活动中产生新的、更精彩的观念。

在活动展开过程中，允许学生兴趣的转移，允许学生偏离设定的研究方向，去探索自己真正感兴趣的领域和发掘新的探求题材。但同时不迁就或放任学生的兴趣，在尊重他们兴趣的基础上引领他们深入探究和体验自己感兴趣的事物、现象及活动。鼓励学生发挥想象力和创造力，在作品和活动中表现自己的见解。在实践和探究过程中，注意原始材料的保存，留下学生成长发展的轨迹，便于他们对实践进行反思，完善以后的行动。

为了保证有效地指导，教师必须作好以下准备：

一、思想上的准备

在传统的教学中，教师的教学工作一直处于一种被动的状态。教学内容是教材编写者决定的，教师得不断地揣摸编写者的意图，深恐出现理解上的偏差，教师成了教材的忠实执行者；教学方式是教研部门定的，教师把自己排除在教学研究之外，专家说怎么教就怎么教，教师成了机械的模仿者；教学评价权牢牢地控制在出试卷的教育行政部门，教师只是评价结果的被动接受者。在这种情况下，教师的角色只能是一个"教书匠"而已，谈不上专业的发展。综合实践活动课程为教师的角色进行了重新的定位，把教学的主动权交到了教师手中，指导教师对活动内容的设计、活动方式的选择、组织等都有较大的自主权，这也给教师提出了更高的专业发展要求，要实施好综合实践活动课程，实现教师角色的转变，要求教师首先在思想上有所准备。

1. 对综合实践活动课程价值的认同

综合实践活动课程较好地体现了新课程的价值观：为了每一位学生的发展，关注每一个学生的个性，实现每一个学生成功的梦想。综合实践活动课程较好地贯彻新课程的综合性、平衡性、可选择性的思想。综合实践活动课程作为实践性课程，其课程价值主要体现在：将课程的关注点转向学生生活，着眼于完善学生的生活方式。

综合实践活动是生活化的课程，打通了学生与生活、学生与社会之间的联系，遵循"来自生活、在生活中、服务于生活"的原则，活动内容来自学生生活，在活动中强调学生的个体参与，关注活动过程性、实践性，关注学生在活动过程中的独特体验，引导学生获取丰富的直接经验，在生活中发现问题，在生活情境中分析、解决问题，并将结果运用于实际生活中，综合实践活动课程的实施能够有效地改善当前学生的学习生活状态。

综合实践活动将从根本上转变学生的学习方式，综合实践活动具有实践性、开放性、自主性、生成性的特点，它的开发与实施强调学生乐于探究、勤于动手和勇于实践，要求学生超越单一的接受学习，亲身经历实践过程，体验实践活动。在实施过程中，学生将体验自主学习、探究学习、合作学习的过程，发展学生终身学习的愿望，培养学生创新精神和实践能力，为学生构建了一种开放的学习环境，提供了多渠道获取知识并将学到的知识综合运用的机会，使学生在学与用之间架起了桥梁，它能极大地调动学生的积极性与主动性，有效地提高学生的学习水平。

综合实践活动是教师专业素质发展的催化剂。综合实践活动的实施有赖于教师课程意识的形成，为教师摆脱学科本位的思想提供了可能，它将促使教师自主发现资源、自主生成活动的目标与内容，不断创新与发展的过程为教师提供了实践新课程的机会，为教师专业素质的发展提供了机遇及发展空间。

课程的实施将有力地促进学校课程文化的重建。综合实践活动的实施以学校为基地进行，充分体现了学校的资源状况，是学校特色的承载体，它独特的课程内容及课程形态，将为学校的课程开发、课程资源的利用、课程管理的方式等带来根本性的变革，有利于三级课程管理方式在学校的落实。

2. 对综合实践活动内容的把握

综合实践活动课程的价值需要通过其实施过程来实现，教师首先要解决的是对综合实践活动课程内容的把握。

综合实践活动课程的内容与一般课程内容相比，具有开放性的特点，它不像其他学科课程有以教材为依托的内容体系。它是由一个个主题活动构成的，它在内容组织上，遵循的不是知识线索、学科逻辑，而是生活线索、实践逻辑。它的内容广泛涉及学生的学校生活、家庭生活、社会生活以及自然生活的各个领域。它可以来源于学生其他学科的学习，可以来源于学校的传统活动，可以来源于学生发现的社会、自然、生活中的问题，可以是一个探究活动、一个体验活动、一个设计与制作活动、一个调查活动、一个实验活动等。我们可以从人与自然、人与社会、人与自我三个维度来设计与组织综合实践活动的内容。

(1) 人与自然。自然维度的课程内容是针对学校周围自然环境状况进行设计的，可由中年段亲近、欣赏自然的活动转向高年段的学习、探索自然的活动，这些活动旨在使学生发展探究的兴趣，了解人与自然相互依存的关系，养成对自然负责任的态度和行为。自然维度的内容在设计时忌贪大，无论多大的自然环境问题，最好能从学生身边的小事入手进行设计，如对水资源的关注，在高年段可以从家庭节水行动入手。

(2) 人与社会。社会维度的内容是围绕学生的社会生活设计的，在中年级以参观、访问为主的社会活动转化为高年段以实际参与及探究为主的社会活动，旨在让学生了解自己的社会的角色与定位，让学生通过活动体会自己与社会、与他人的关系，养成关注社会、服务社会的意识与能力。高年段社会维度的活动范围可以以社区活动为主。

(3) 人与自我。自我维度的内容的组织是以学生的家庭生活、社会生活和学习生活中亲身感受为对象，旨在通过畅想、感悟、交流、体验、行动等认识自我与完善自我的活动，提高对自我的认识，反思自我，从而发展自我。学习生活技能，养成自理、自律、自省的习惯。

3. 了解实施的基本思路

教师的有效指导是活动效率的保障。综合实践活动的实施在坚持学生自主选择、主动实践的前提下，强调教师对学生的指导。比如，小学高年段教师以协力者与参与者的身份进行指导，比低年段的指导更注意尊重学生的自主意识，更侧重于活动方法上的引领。旨在通过指导发展其自主活动的能力。在指导过程中，教师要努力成为一个倾听者和交往者，并给予相应的认可和鼓励，并帮助学生在活动中产生新的、更精彩的观念。在指导时，不迁就或放任小学生的兴趣，在尊重他们兴趣的基础上，引领他们将体验与探究引向深入，并鼓励学生在活动中表达自己的见解。在实践过程中，注意指导学生进行实践反思，完善以后的行动。

课程设计基于学校及地方资源。任何活动的设计都要基于学校及地方资源的状况，不能脱离资源搞设计。指导教师首先需要对学校课程资源进行发掘与整理，提高学校课程资源的利用率，同时要研究和分析地方和社区的背景条件，充分挖掘地方自然条件、社区经济文化状况、民族文化传统等方面的课程资源，体现课程资源的地方性特色。

鼓励以小组为单位进行活动。比如，与小学中年段活动以全班为主要单位，各小组从不同的方面同时进行同一活动不同，基于高年段小学生的年龄特点，在允许个人活动的同时，鼓励学生进行以小组为单位的活动，旨在培养学生的团队协作精神。小组可以跨班、跨年级、甚至是跨学校建立，在小组的组织上应尊重学生的选择，教师指导也可以以小组指导为主。

统筹规划综合实践活动时间。在保证综合实践活动基本课时(每周 3 课时)的前提下，注意统筹规划综合实践活动与各学科活动的时间、课外活动与课内活动的时间，以保证综合实践活动能以整合的状态实施，并得到充分开展。在小组活动的时间上，允许不同的学习小组或个体有不同的学习进度，保证小学生活动的连续性、长期性。

4. 了解评价的基本思路

综合实践活动的评价反对通过量化手段对学生进行分等划类的评价方式，主张采用"自我参照"的标准，引导学生对自己在综合实践活动中的各种表现进行"自我反思性评价"，旨在提高学生辨别是非的能力，形成自我教育的能力。在评价中注重过程，评价在过程中进行，评价服务于过程；尊重多元，强调师生之间、同伴之间对彼此个性化的表现进行评定、进行鉴赏，营造体验成功的情境。

二、组织上的准备

1. 建立综合实践活动课程的社会支持体系

及时与活动所涉及的社会单位进行沟通。基础教育课程改革是一个系统工程，不单单是教育系统内部的事情，新课程的理念只有得到了社会各界的认同，才能有效地推进。这一点对综合实践活动的实施尤其重要，学生许多活动在社会中进行，需要建立相应的社会支持体系。一种方式是建设长期协作的综合实践活动基地单位，另一种方法是在学校的支持下，寻求及时与活动所涉及的单位进行沟通的途径，这对师生的沟通协调能力都是一个考验。

建立与社区长期的合作关系。社区将是学生开展综合实践活动的重要资源，在活动中，教师将引导学生了解社区的机构，与社区共同进行一些社区服务活动，这类活动的开展必须取得相应的社区机构的支持，学校需要以一定的方式确立与社区长期合作的关系，并在每学期开学初，向社区通报学校综合实践活动的实施安排，以便取得支持。

寻求家长对活动的支持与认同。家长对活动的支持与认同，是综合实践活动落实的关键。一些活动内容不仅需要家长的支持，还需要家长的参与。可以家长会、家长联系卡的方式，向家长通报学生活动状况及活动需要的支持。学校可以在学期初，将详细的综合实践活动计划通报给家长，方便家长参与到活动中来。

2. 综合实践活动校内跨学科的教师协作体形成

与各学科活动、德育活动、校传统活动整合实施，综合实践活动课程的实施有赖教师整体课程观的形成。在设计时，可以考虑与各种学科活动、学校的德育活动以及各类校传统活动进行整合，以避免活动的冗余，提高活动的效率。教师每学期可以通过组织高年段各年级任课教师及学校相关活动的负责人参与会议，与大家共同交流本学期各学科活动、德育活动、校传统活动的基本内容、形式、时间，从而找到各类活动的切合点，制定统一的活动计划，以实现各类活动高效地整合实施。

建立基于活动的跨学科教师指导团队。综合实践活动课程的指导，不是某个单一学科的教师所能胜任的，它需要有一个跨学科的教师小队来共同完成，在实施中，实现从不同的学科角度对学生活动进行指导。这一新的课程门类将成为教师协作精神的培养基础。

3. 具有自我管理性质学生组织的组建

小学高年段以上的学生已经具备一定的管理与自治能力，在活动实施中，首先要充分利用学校已有的少先队等学生组织，发挥学生在组织中的自主性，将它建设成综合实践活动实施的团体，同时，可以根据活动需要，组建相应的校报编辑部、小专家活动指导小组，学生课题论证的组织或相应的学生社团等来配合活动的实施。

三、教师的指导方法

如何让学生越来越喜欢实践类活动，在亲身参与实践中获得积极体验和丰富经验，发展其创新精神、实践能力、社会责任感以及良好的个性品质，教师的组织、引领、指导作用不容小觑。本文试从选题、实施、交流这三个阶段来谈谈教师的指导策略。

1. 选题阶段——投其所好，选学生最感兴趣的实践课题

选题是实践活动的关键，只有选取学生喜欢的课题，开设学生喜爱的实践活动，他们才会主动投入其中，因此，教师一定要尊重学生的意见，引导其自主提出问题，选择最感兴趣的课题下手，方能激发其实践兴趣。

(1) 关注学生生活，从生活中找问题。引导学生从生活实际出发，善于发现和提出问题，从自然现象到社会生活，从身边小事到国家大

事，从现实世界到历史和未来，都是综合实践活动重要的课程资源，如为什么校门口常堵车、《喜羊羊和灰太狼》为什么这么火爆、为什么要过传统节日……只要学生感兴趣，生活中的各种问题都可转化为学生的实践课题，而且这类课题来源于生活，服务于生活，切口小，易操作，容易让学生获得成功的体验。

(2) 关心社会时事，从社会热点中找问题。引导学生关注学校生活、社会生活现状，关注自然界、社会生活和人自身发展的现实问题，从报刊、电视等途径了解当前社会面临的种种问题，开展宣传科学知识、保护环境、调查污染源等活动，从中引发学生思考。

(3) 重视实践德育，从品德教育中找问题。传统的德育还是以课堂德育、认知德育为主，教师往往以教育者的身份居高临下地要求学生做什么。以往，我们经常教育学生要孝敬父母、体谅长辈，可惜真正理解并做到的并不多，后来笔者让学生实践调查"父(母)亲的一天"，尝试着当一天家，他们真切体会到了父母工作的辛苦、家务的繁重、挣钱的艰辛，并从心底开始关心父母。

(4) 利用社会资源，从安全或健康中找问题。学生的安全意识和自我保护能力需要从小培养，虽然安全教育已是老生常谈，但安全事故还是频频发生，可见教育的实效性亟待提高。事实上，学生通过观察、参观、访问、模拟等学习方式就能大大加深实践体验，增强学习的效果。

2. 实施阶段——积极参与，鼓励学生做真实的研究

学生们课余进行实践探究活动，其目的在于通过实践努力解决探

究活动中遇到的各种问题，并不断提出创新观点。因此，教师要充分发挥学生的潜能，放手让学生自己去查阅资料、安排采访、组织活动、进行社会调查等，教师需要时时关注活动的进程，适时参与其中，以便及时有效地指导。

(1) **开展实践活动，适时指导方法。**活动只是载体，实践体验才是目的，所以教师要结合探究活动进行基本方法培训，比如如何上网查资料、设计调查问卷、寻访专家、与人协作等。

(2) **畅通沟通渠道，及时提供帮助。**学生在开展实践活动时难免会遇到困难，教师要及时出现在学生身边，提供帮助。在信息发达的现代社会，手机电话、短信、微信或电子邮件等，都可以成为师生沟通的渠道。

(3) **邀请专业指导，建立合作机制。**术业有专攻，教师个人能力有限，要善于借助社会力量，引进部门资源，加强部门协作，切实服务学生的实践活动。

(4) **强化媒体宣传，夯实实践效果。**学生的实践活动无论成果是否巨大，都需要得到多方的肯定和支持。在实践活动中，如果有学校红领巾广播站、宣传橱窗的展示，或者是学校网站等信息报道，乃至地方媒体的报道，那么一定会提高学生的活动积极性和主动性。

3. 交流阶段——创造机会，激励学生展示成果和特长

实践活动结束，学生们一定有不少收获和体会，教师要创造机会给予展示和交流。通过交流与研讨，学生不仅分享了研究成果，还能学会欣赏和发现他人的优点，是一个感悟和升华的过程。

(1) **小组交流随时随地**。教师可以引导学生以小组为单位开展活动与评比，小组各成员之间需要多协商、多交流，互相协作，逐渐形成具有较强合作能力的团队或者达成实践活动的共识。

(2) **班级展示郑重其事**。每到班级交流展示阶段，尽量让每一个参与者都能用自己擅长的方式汇报研究成果，畅谈收获体会，展示小组特色。全体学生既是参赛者，又是评委，在参与中收获喜悦。

(3) **校外宣传拓宽思路**。每次活动结束，不妨利用校内外的橱窗、板报、报纸展示学生的研究报告、宣传小报、活动照片等；还可以利用家长会、家访等形式，将学生开展实践活动的成果让家长看到。

总之，开展学生实践活动，能充分开发社会、家庭的教育资源，打破书本知识和课堂教学的时空局限，丰富学生的课余生活，密切学生与自然、社会和自我的内在联系。教师要讲究指导策略，引领学生在生活中学习，在实践中发展，在探究中成长。

第二节　综合实践活动课程的组织策略

综合考虑学生的年龄特征，在保证综合实践活动安全、有效开展的基础上，加强对学生团队合作精神的启蒙和培养，通常鼓励以小组为单位开展综合实践活动。由学生自己协商后确定组合，教师不过多介入他们的选择。小组成员的组成不限于班级内。为使实践与探究走向深入，允许并鼓励各班之间、不同年级之间、甚至不同学校、不同地域之间学生的组合。当然遵照小学生的意愿，也允许个人独立进行活动与探究。

学校要统筹规划综合实践活动的课时，在保证基本课时(每周 3 课时)总数的前提下给予学生弹性的时空环境，允许不同的学习小组或个体有不同的学习进度，保证学生活动的连续性、长期性。同时要注意开发利用周末、节假日等课外时间，保证综合实践活动的充分开展。

综合实践活动要求新的评价理念与评价方式。它反对通过量化手段对学生进行分等划类的评价方式，主张采用"自我参照"标准，引导学生对自己在综合实践活动中的各种表现进行"自我反思性评价"，强调师生之间、学生同伴之间对彼此的个性化的表现进行评定。要将学生在综合实践活动中的表现纳入学生综合素质评定的范围。

一、学生评价策略

综合实践活动中对学生科学的评价是促进活动主题目标达成的重要环节，也是课程管理的重要手段，在活动实施过程中发挥着导向和监控作用。通过评价可以及时指导和帮助学生反思自己的行为，改进活动的内容和方法，促进活动目标的达成和学生的发展。从理论上说，综合实践活动评价关注过程，兼顾结果，强调评价主体的多元、成果展示方式的多元等。

1. 评价主体多元化

新课程评价以学生的全面发展为本，强调评价者不仅仅是教师，也可以是参与活动的学生、家长、社会人士。但是并非每一次活动都需要多元主题评价，这样会造成费时费力而且可能出现形式主义。例如，学生相对独立完成的活动或在学校领域实践的活动，可以采用自评、同伴评、师评等方式；社区实践活动可以邀请家长、社会人士参与评价。

2. 评价方式多元化

然而不管是评价主体多元化，还是展示方式多元化，最终评价的核心都在于使促使学生自我认识、自我反省、自我教育、自我成长、自我完善、自我超越。对不同的评价主体来说，其评价内容和评价标准往往是不同的。

家长评价：侧重于孩子主动探究性、成果的精彩性。

小组评价：侧重于同学合作的意识、参与的激情度。

教师评价：侧重于学生能力的提升、成果展示的创意。

自我评价：侧重于自我愿望的实现、合作伙伴的肯定。

在实际操作中，学生自我评价是最容易产生偏差的，因为认识自己是最难的。

综合实践活动既要侧重过程性评价，又要结合档案袋、五星量表法、学分卡等多元评价方式。尤其是"五星量表"尝试通过量表来规范学生自我评价的参照标准，对照标准，学生能找到自我成长的空间、动力，找到学习的目标，增强学习的自信。

XX 小学综合实践活动评价五星量表							
项目	五星标准	星数	自评	小组评	师评	家长评	其他
态度选择	积极主动、充满激情	☆☆☆☆☆					
	认真参与，充满热情	☆☆☆☆					
	能服从安排	☆☆☆					
	无所谓，随大流	☆☆					
	不喜欢参与活动						

3. 展示方式多元化

(1) **班级展板**。学习一段时间后，将班级中优秀作品布置在班级展板上展出，除了得到其他班级同学的肯定还能形成班级集体荣誉感。增进了班级之间、各年级之间的交流和评价。

(2) **成果展评**。通过现场成果展评来检验活动效果，反思学生成长，给学生提供相互学习、展示才华的舞台，从而进一步推进课程的有效实施。

(3) **专题网站**。以上种种都能让学生在各种实物展示平台中得到充分的肯定，一种书面评价所无法代替的成就感、荣誉感，可能因此而增强他对其他学科学习的积极性，甚至改变他的一生。

二、活动的组织策略

学校必须从师资建设、组织建设和制度建设等方面着手，从开发、实施到评价加强综合实践活动的全过程管理。

建立专兼职相结合的教师队伍。专职教师是学校综合实践活动的负责人，要承担起学校综合实践活动课程实施的规划、组织、协调与管理等方面的责任；学校领导、班主任、任课教师以及有关社会力量都可以成为综合实践活动的指导教师或兼职教师；要充分发挥学校原有的劳动技术课程专职教师和信息技术教师的作用。

学校要根据实际，明确某一部门协调校内各部门之间的关系，发挥各部门在综合实践活动实施中的作用，保证综合实践活动的有效实施；制定相应的规章制度(如计算教师工作量制度等)，给予综合实践活动一定的政策支持。

综合实践活动是国家规定的必修课程，地方教育行政部门要加强对综合实践活动的督导与管理。地方教育行政部门要引导并督导学校认真落实课程计划，保证国家制定的课程计划的严肃性，不能人为地将综合实践活动分解为四门具体课程来开设，更不能用学科性的课程或地方课程来分割综合实践活动的课时。

把对学校的管理与对学校工作的指导结合起来，通过运用一定的评价手段和组织区域性的、校际的经验交流活动等方式，帮助学校领导和教师转变教育观念，指导学校切实地、创造性地落实课程计划中关于综合实践活动课程的要求。

地方教育行政部门要引导学校建立起一支专兼职结合的指导教师队伍。调整教师编制结构，落实综合实践活动的指导教师，妥善处理综合实践活动指导教师的职称评定、业绩考核等方面问题。

地方教育行政部门要引导学校联系学生的生活经验和生活背景开发和利用多样化的课程资源。根据学校实际、教师指导与学生活动的需要，可分年段开发指导性的课程资源包。省级教育行政部门应按照国家关于中小学教材开发的有关规定，严格进行立项、评审，加强对综合实践活动课程资源开发的管理。

第三节　综合实践活动课程的管理策略

综合实践活动有了课程规划与设计和课程资源的开发后，核心任务就是综合实践课程实施管理。综合实践活动具有整体、实践、开放、生成、自主等多方面的特性，使得课程管理的重要性更加突显出来。课程的学校管理包括课程规划、开发、设计、实施、评价等，这是一个完整的管理系统。

一、课程实施管理的意义

学校管理策略的研究价值在于实现了校本综合实践课程的有序、有效、有为。

1. 有序

科学的管理策略可以使原来的无序状态变为有序状态。教育质量要提升，思想认识需先行。综合实践活动课程无课程标准又无教材，如果要有效实施，完全要靠学校和教师自觉地去做。所以，如果学校、教师思想认识上不到位，就必然会导致教学措施不到位，教学管理不到位，整个校园的综合实践活动课程必然呈现一派混乱的现象。

2. 有效

有了科学的、严格的管理策略，活动才可能落到实处。**凡事预则立，不预则废**。管理是学校发展的基石，寻找学校科学管理策略的最终目标是提升综合实践活动课程的实施效果，促进课程的可持续发展。生活于学校教育中的人，无论是教师还是学生，他们生活状态如何？他们的思维方式和行为方式是否符合课程改革的精神？只有关注到师生的积极向上的精神状态，综合实践活动课程才能真正高效落实。

3. 有为

科学的课程管理策略可以促进课程成长性：

(1) **促进学生的发展。**每一个学生都有自己的需要、兴趣、特长和个性，都有自己独特的认知方式和学习方式，每个学生的个性发展都具有独特性、具体性，他们的发展不仅仅是通过书本知识的学习而获得的。科学规划、科学管理可以促使学校课程最大程度为学生丰富多彩的个性发展提供机会，为学生自主发展创造条件，在发展学生的兴趣爱好、体现学生的个性和差异性方面很好地满足学生的需求，为彰显和发展每一个学生个性创造空间。

(2) **促进教师的发展。**学校构建活动体系的过程也就是全体教师真正成为课程改革的主体、通过行动研究提升专业素质的过程。科学的管理策略，可以开发、建设、完善课程，从而实现教师专业成长的第二通道。学校课程管理要重视提升教师的课程意识，促进教师的专业发展。因为学校课程管理对教师的专业发展起着关键的作用。推行学校一级的课程管理要倡导教师成为学校课程的管理者、决策者，作为主体参与到课程开发与管理的过程中，使教师有更多的机会进行不同程度的课程实验，参与完整的课程开发过程，从而改变教师只是规定课程的执行者的角色，一改教师只把课程当作教科书和科目的观念，形成一种开放、民主、科学的课程意识，促进自身专业与课程、与学生一起发展。

(3) 促进学校的发展。学校可以利用自身的优势、资源，通过策略改进，以提高实现学校综合实践活动的特色化、品质化。综合实践活动课程的实施过程是一个基于校本的课程发展过程，它要求学校必须摆脱"忠实执行"的课程实施取向，具有课程发展意识和能力。实施综合实践活动课程，不仅有利于学校课程意识的觉醒和课程发展能力的增强，而且对学校课程制度的建立、教师的课程开发能力的发展都具有重要意义。

综合实践活动，作为学校自主进行开发的课程，较之于以往的其他学科课程，必须承担课程开发与教学的管理、指导、评价的任务。这就要求，学校要变革以往的日常管理制度、课程制度、教学制度和评价制度，建立全新的学校管理文化。

二、课程实施管理的策略

课程管理策略的原则是基于儿童立场。不管选择哪些策略，都是指向儿童自主、自由的发展。站在儿童立场，实现国家意志、学校意志、教师意志、学生意志的统一，凡违背学生立场，都是阻碍学生发展的，不利于学生成长。

1. 实施管理制度化

综合实践活动课程是基于国家规定、地方管理、校本开发的三级管理课程。其组织实施主要靠学校结合校情，创造性地进行。组织实施综合实践活动课程的过程，也是学校开发建设校本课程的过程。作为课程，必须建立整套科学、规范的校本制度，以实现管理的常态化。

(1) **统筹管理，纵横有序**。课程开发与实施的主体是教师与学生，但它需要一个决策指挥、统筹协调、监控评价的机构。

纵向：建立以校长为组长的学校综合实践活动实施领导小组。

横向：建立综合实践活动教研组。因为真正有效的教研活动必须依托教研组这一平台开展。教研组建设的过程也是建立开放、自主的规章制度的过程，使综合实践活动的实施更具制度化、有序化和规范化。除了常规的集体备课、课堂教学展示等方式，学校还创新教研方式：QQ教研、联片教研。利用QQ群这一现代化的沟通方式，在QQ教研里大家在一个虚拟的网络空间里讨论交流，可以在短时间内获取大量的信息，感受群体智慧和多种思想，节省了时间，提高了效率。联片教研则发挥校际间的教研合作与交流、整合推广先进的教学经验，开拓校本教研新模式，努力实现在教育教学资源上共享，管理上互相借鉴，促进教师的发展和教学质量的提高。

(2) **课程实施，形式不拘**。综合实践活动课程的开放性，又决定了活动形式的多样性。儿童有与生俱来的探究的需要和获得新体验的需要，多样性正是为了满足孩子们的不同需要和给不同层次的学生提供参与学习、体验成功的机会。多样性体现在时间上可长可短，以活动的进展情况而定；体现在地点上，不拘于课程，可以走进社会生活的每一个角落；体现在学习方式上，不拘于单一的接受性学习方式，而是在师生交往共同发展的互动过程中，主动地、富有个性地学习，建立学生自主、探索、发现、研究及合作学习的机制，实现学习方式的多样化。

2. 校本教研项目化

实践活动课程的推进离不开制度化的保障，而成立综合实践活动教研组更是给这门课程的校本教研搭建了平台。校本教研活动是否指向"优化教学实践、提高教学效益、促进师生共同发展"，一个重要标志就是看其是否根植于师生的教与学实践，是否与教师日常教学行为的改善联系起来，是否着眼于真正解决教学中根本的或突出的"小而实"的问题。为此，我们确立了"校本教研项目化，教研活动问题化"的指导思想。即围绕教学中、课堂上某一层面的具体问题，以解决问题为主线，把每一次教研活动作为一个实实在在的项目来做深做透，哪怕一次活动只解决一个具体问题。设计并开展主题性校本教研活动的思路是：强化课堂教学、活动开展中的教师观察，从教学中的小现象入手，寻找并确定校本教研活动的主题。

(1) **成为专业引领的桥梁**。校本教研活动是专业引领的桥梁：架通了专家资源、教育理论与实践行为。"校本教研项目化"是基于综合实践活动课程实施中的问题，规划校本教研的项目，通过教研深入研究，以解决实现、突破难题，真正推进深入课程实施，并取得实质性的效果。避免研究随意性、肤浅化、盲目性。学校把综合实践活动课程的校本教研纳入全校的教研计划，督促学校教研组定期学习、交流、研讨，督促全校的师生都动起来。充分发挥骨干教师的领头雁作用，加强教师之间的交流碰撞、对话互助，使教师共享经验、共建共进，实现专业内涵的提升。

(2) **成为同伴互助的纽带。**"校本教研项目化"可以引导教师互动对话、交流分享、碰撞共建。项目化的逐条研究，研究的切入口越小就越有针对性。课堂观察时，听课者的关注点更聚焦；小组讨论时，同伴间智慧碰撞更强烈，对教学重难点解剖更深刻到位；总结梳理时，能更客观更全面地提炼出实质性的带有普遍应用意义的有效教学方法或策略。

(3) **成为自我反思的平台。**校本教研活动是自我反思的平台：促使教师理性地审视教学原态、提炼实践经验、积淀教学体验、生发教育智慧、优化教学行为，实现内涵的提升。项目化的研究，要求每一次教研活动，教师都要做好前期的准备工作，或者是搜集相关资料，或者是先尝试进行相关的课堂教学，或者是指导相应的实践活动。有了这些前期准备，在教研活动中，更有发言权，可以更好地两两对照，发现问题。促使教师理性地审视自己的教学实践，使教师日常教学行为与教学研究有机地融为一体。

3. 实践形态多样化

带着一种为自己而进行研讨活动的心态去进行项目化的校本活

动,可以让教师在活动中获得更多的收获与成功。在学校实际实施过程中,综合实践课程的形态其实也是多样化的。

美国课程学家多尔认为,课程不是跑道,而是跑的过程。课程是与师生的生命结合在一起的,是一种"跑"的过程,在跑的经历中必然有"生成"性的内容,这种生成需要老师的引导,更需要学生的自我调整。课程需要和师生的发展一路同行。我校在多年的实践探索中,初步形成了以下四种形态的综合实践课程形态:

(1) 基于学科课程标准的嵌入式课程。

这一类课程的目标是高水平地实施国家课程,给孩子奠定厚实的学科后续学习的基础。我们认为,高水平地实施国家课程,依据的不是某一套教材,而是国家制定的学科课程标准。遵循学科课程标准,选用一个版本的教材为蓝本,将其他版本教材中的学科课程资源、课外资源提取出来,对照学科课程标准和学生的实际需要,整合成为一个个的学习专题,纳入到学科学期教学计划中,成为嵌入式课程,以及时更新、不断丰富学科课程内容。如,将《乐陶》作为美术学科的嵌入式课程,根据不同年龄阶段孩子的学习水平,将《乐陶》设计成主题单元,嵌入到中年级美术课程学习中。

(2) 基于小组合作学习的探究性课程。

这一类课程的目标是高标准建设综合实践活动课程。国家对综合实践活动课程只制定了纲要,而没有具体的课程实施细则。我校立足丝绸文化地域教育资源,编撰了以探究性学习为主要方式的丝绸文化综合实践活动校本教材,经历了三个阶段。

第一阶段：材料形态。编写了以丝绸文化文学作品为主的阅读文本，介绍盛泽丝绸的相关知识，延伸为盛泽的民俗文化，作为学生了解丝绸文化的背景材料。

第二阶段：经验形态。以秦汉文化、丝路文化研究为内容，组织教师建构大板块活动主题，每个主题都有具体的研究目标和研究内容。以年级组集体备课的方式，设计每个主题中学生的活动项目，主要以经验积累为主。

第三阶段：教材形态。学校组织富有教学经验的骨干教师将已有的文本材料加以整理，在校本化的综合实践活动课程实施纲要的指导下，编写系列教材。最终采集相关主题，以学生用书的形式出现，采用学分制的评价方式，用档案袋的形式进行管理。

(3) 基于学生主体需要的多元化课程。

这一类课程的目标是实现学生的个性化发展。比如，XX 学校在对学生充分调研的基础上，推出了多元化课程的设想，确立了课程目标："让每个学生都能得到发展"。成立了"慧心社"：艺术课程含有编织、书画、管乐等；科学课程含有机器人实验、万能机床等；农耕文化课程含有花卉培育、农作物种植等；家政课程包括煮绿豆汤、擀面条、做团子等。这些课程融趣味性、知识性、操作性于一体，对国家规定课程项目进行了有益的补充和细化，使每位同学都能找到自己喜欢的课程，发展了学生的多种能力。我们形象地把这类课程比作天上下雨，孩子如同埋在土地里的种子，总有雨滴落在他的身上，滋养着他，最终让他发芽、开花、结果。多元化的课程，既发展了学生，也成长了教师，是教师实现专业发展的最佳路径！

(4) 基于校本文化资源的浸润型课程。

这一类课程的目标是实现无痕教育。XX学校提出"一所学校就是一门好课程"，学生只要在这所学校里，就能自然而然地获得一种成长的力量。我校将各种主题教育月活动，如阅读节、艺术节、科技节等，加以课程化设计，从学生的自主选择、自由活动、自发生成出发，精心设计活动目标、内容、形式，最大限度地满足学生的活动需要，最大程度地消除活动的功利性和强制性；将校园的各个景点加以课程化设计，丰富其课程的内涵。针对校园中的一棵"石榴树"，就在教师们的精心设计中，开发出了以"石榴娃"为形象代言的系列课程，贯穿在石榴从开花到结果的各个阶段，成为校园中一门独特的课程。将校园景点的建设看成是课程的建设，其意义就更加深远。

4. 内容设计生本化

仅有课程内容、课程资源，并非就能实现课程价值，关键在于把资源设计成不同年级，不同班级的，不同学生的一个个主题实践活动。把资源设计成活动，这仍然要遵循学生立场。学生的需要是综合实践活动的出发点，学生的兴趣是实践活动不断调整、完善的基石。那么如何做到内容设计的生本化呢？

如XX学校以三年级发豆芽活动为例，原本只是科学课后的实践活动《我要发芽》，后来因为有位家长在孩子的要求下，提供"豆芽机"这一物质资源，于是活动方案第一次调整，学生开始两种方式发芽：发芽机发芽和自然环境下发芽，并进行对比实验。发芽后，有学生在日记中强烈要求把豆芽和豆子同时种到地里，进行对比观察，于是活动方案又有了第二次调整。这两次变化，都源于学生的兴趣，孩子们来说，"豆芽机"比传统的自然发芽方式，更具有趣味性。而把豆芽种到泥土里，这是学生在经过一系列的实践活动后，学会了思考，他们需要对比实验来验证他们的猜测。

(1) **坚持学生的自主选择与主动探究**。在综合实践活动的实施过程中，要始终将学生的需要、动机和兴趣置于核心地位，要坚持学生的自主选择与主动探究，为学生个性的充分发展创造空间。早在半个世纪前陶行知先生就深刻指出："教育孩子的全部奥秘在于相信孩子和解放孩子"。综合实践活动这一动态发展的生成性课程，就是对孩子们的相信和解放。孩子们的认识不是一成不变的，不能预先决定他们只能选择什么，只能选择采取什么方式来学习，而应该在课程进行的过程中引导、指导他们自主选择感兴趣的问题，采取自己喜欢的方式去主动探究。当孩子们在学习过程中有了新的选择时，教师要更多地给他们提供帮助与指导，而不是代替他们选择和探究。

(2) **正确处理生成与预设之间的关系**。尽管要对综合实践活动课程进行预先的整体规划，在每个活动开展之前要对活动进行周密的设计，但这只是综合实践活动计划性、预成性的一个方面。而综合实践活动课程区别于学科课程的重要特点是它的生成性，生成性决定了学习者与具体情境的交互作用。随着综合实践活动的展开，学生在教育情境交互作用的过程中，新的目标不断生成，新的问题不断生成，新的价值和对新的结果的设计也不断生成，学生的认识体验不断加深，创造性的火花不断迸发，这正是综合实践活动生成性的集中体现。从《豆·芽·菜》这一主题活动的拓展变化，可见，综合实践活动课程的设计要留有更大的生成空间，在实践过程中要注重对学生探索研究过程的引导、指导，要随机应变。这样综合实践活动课程的规划和设计才不会限制其生成性，而是使生成性发挥得更具有方向性和成效性。

三、学校课程实施管理要实现三个转变

这里的管理不是把一门原本开放、多元、生动、自由的课程限定在一个僵化的框子里，而是根据学校教学组织的一般规律，通过建立课程教学常规来控制引导教师、学生在课程实施中的行为，克服纠正形式主义和各行其是的随意性，创造一种更有利于学生成长的环境。学校要发展，只有靠管理；课程要实施，关键靠管理。只有科学的管理策略，才能真正让这门课程在学校生根、发芽。

综合实践活动课程的学校管理策略，要实现以下三个转变：

(1) **从管理走向领导**。如今，传统的教师教，学生学，校长管理的模式已经彻底改变了。学校课程变革与教师、学生、家长和社区的利益息息相关。学校领导机构必须转变各自为政的状况，组成由校长、中层领导、教师、学生、家长和社区代表参与的课程领导共同体，共同参与学校课程的领导工作。课程领导，人人有责，已经成为课程领导发展的一种趋势。他们对学校课程开发、设计和决策等提供建议，共同促进学校课程的变革。

(2) 从执行走向研究。原先的学校管理模式都是自上而下，学校机械地执行上级教育部门的各项要求，教师机械地执行学校各项教学任务。而综合实践活动课程的实施打破了这常规，学校有了校本课程开发、管理权，教师有了课程话语权、选择权。只有学校立足校本资源、特色，研究推进综合实践活动的管理策略，只有广大教师不断加深对综合实践活动课程的理解、参与、研究，才能扎实推进综合实践活动课程的实施。

(3) 从考评走向建设。考评只是手段、途径，课程建设才是目标。评价体系的构建是形成综合实践活动课程发展的保障，通过规范考评管理，不断促进综合实践活动课程建设。

在新课程体系中，综合实践活动课程对学校发展的价值远远超越了一门课程所应发挥的作用，因为一方面综合实践活动课程集中地体现了新课程的核心理念和价值追求，另一方面，综合实践活动课程的有效实施需要以学校教育观念的更新、学校课程制度的重建为基础。管理有法但无定法，管理是一门科学，只有遵循规律，管理才会发挥作用、产生效益。在综合实践活动课程不断推进的过程中，只有不断完善课程管理体系，才能推动课程朝着理想的方向前进。

第四节　综合实践活动的操作策略

一、学校时间怎么分配？

按规定，综合实践课小学每周不少于 1～2 课时，已经等于一门科学课课时，学校有限的教学时间该如何腾挪？当副课一个都不能少，主课一分都不能少时，那么如何将综合实践课的内容进行有效甄别，判断其融合代替了主副课多少内容，并相应减少其他学科时间，就是现阶段学校推行这一课程的当务之急。

在当前形势下，综合实践课在小学尤其是初高中即使开足，其实依然较少，未来必然呈增加趋势。所以这门必修课和现有学科在学习中的知识点穿插，已经成为必然趋势和学校必修功课。

小学1～2年级，平均每周不少于1课时；小学3～6年级和初中，平均每周不少于2课时；高中执行课程方案相关要求，完成规定学分。各学校要切实保证综合实践活动时间，在开足规定课时总数的前提下，根据具体活动需要，把课时的集中使用与分散使用有机结合起来。要根据学生活动主题的特点和需要，灵活安排、有效使用综合实践活动时间。学校要给予学生广阔的探究时空环境，保证学生活动的连续性和长期性。要处理好课内与课外的关系，合理安排时间并拓展学生的活动空间与学习场域。

二、课程怎么定位？

纲要的要求很简单，三个字：跨学科；五个字：必须跨学科。至于是从哪一个学科出发跨学科，并不一定，留给学校自主裁量。同时，课程不以教材为主要载体，而是以主题为抓手；但所有主题都可以关联现有教材内容，并保证教学方式与现有学科课程教学方式有区别。

三、课程内容怎么设计？

纲要明确要求综合实践课程不是课外活动，而是有课程目标，以培养学生综合素质为导向；有内容的选择和组织，面向学生的个体生活和社会生活；有课程实施设计，要注重学生主动实践和开放生成；有科学评价，包含多元评价、综合考察等。

四、对教师提出什么挑战？

尽管有关院校已经在开设"全科教师"专业，但远水解不了近渴，所以学校必须自己培养跨学科人才或者编外引进，才能满足开课需求。

除此之外，这一新规还推动各学校教师成长走向一个新的趋势，即研究能力的培养将成为重中之重：如何设计一门综合实践课？教师必须具备基于课程目标设计主题、框架、内容、评价策略、实施细则的能力。

五、对学校空间环境提出什么挑战？

课程需要全部走出教室，甚至很大一部分要走出学校：考察探究、社会服务、设计制作、职业体验……这种打破空间界限的课程实施对学校空间、装备及校外资源、基地组织的要求都大大提升。

六、对社会协作提出什么要求？

《指导纲要》对社会协作只有一句话但落实并不易——建立校际间及学校与社会相关机构之间的协作机制与资源共享平台。 什么是优秀的协作，什么是好的资源，学校必须配备专业人员展开研究、发现与对接。《指导纲要》强调设计与实施综合实践活动课程，要引导学生运用各门学科知识分析解决实际问题，使学科知识在综合实践中得到延伸、综合、提升。 学生在综合实践活动中所发现的问题要在相关学科教学中进行深入分析。要防止用学科实践环节取代综合实践活动。

七、与学生课外活动有什么不同？

综合实践活动作为一门课程，不同于一般的学生课外活动。《指导纲要》对课程目标做出明确规定，强调综合实践活动的设计与实施必须围绕课程目标进行，注重引导学生在活动中体认、践行社会主义核心价值观，热爱中国共产党，热爱祖国，热爱劳动，培养学生的社会责任感、创新精神和实践能力，增强活动育人效果。

此外，综合实践活动课程不仅有明确的课程目标，还要求对活动内容进行选择和组织，对活动方式进行认真设计，对活动过程和结果进行科学评价等，具备作为一门课程的基本要素。

八、教师如何指导？

在综合实践活动实施过程中，要处理好学生自主实践与教师有效指导的关系。教师既不能"教"综合实践活动，也不能推卸指导的责任，而应当成为学生活动的组织者、参与者和促进者。教师的指导应贯穿于综合实践活动实施的全过程。

1. 在活动准备阶段

教师要充分结合学生经验，为学生提供活动主题选择以及提出问题的机会，引导学生构思选题，鼓励学生提出感兴趣的问题，并及时捕捉活动中学生动态生成的问题，组织学生就问题展开讨论，确立活动目标内容。

要让学生积极参与活动方案的制定过程，通过合理的时间安排、责任分工、实施方法和路径选择，对活动可利用的资源及活动的可行性进行评估等，增强活动的计划性，提高学生的活动规划能力。同时，引导学生对活动方案进行组内及组间讨论，吸纳合理化建议，不断优化完善方案。

2. 在活动实施阶段

教师要创设真实的情境，为学生提供亲身经历与现场体验的机会，让学生经历多样化的活动方式，促进学生积极参与活动过程，在现场考察、设计制作、实验探究、社会服务等活动中发现和解决问题，体验和感受学习与生活之间的联系。

要加强对学生活动方式与方法的指导，帮助学生找到适合自己的学习方式和实践方式。教师指导重在激励、启迪、点拨、引导，不能对学生的活动过程包办代替；要指导学生做好活动过程的记录和活动资料的整理。

3. 在活动总结阶段

教师要指导学生选择合适的结果呈现方式，鼓励多种形式的结果呈现与交流，如绘画、摄影、戏剧与表演等，对活动过程和活动结果进行系统梳理和总结，促进学生自我反思与表达、同伴交流与对话。

要指导学生学会通过撰写活动报告、反思日志、心得笔记等方式，反思成败得失，提升个体经验，促进知识建构，并根据同伴及教师提出的反馈意见和建议查漏补缺，明确进一步的探究方向，深化主题探究和体验。

九、如何对学生活动作出评价？

综合实践活动情况是学生综合素质评价的重要内容。各学校和教师要以促进学生综合素质持续发展为目的设计与实施综合实践活动评价。要坚持评价的方向性、指导性、客观性、公正性等原则。

1. 突出发展导向

坚持学生成长导向，通过对学生成长过程的观察、记录、分析，促进学校及教师把握学生的成长规律，了解学生的个性与特长，不断激发学生的潜能，为更好地促进学生成长提供依据。评价的首要功能是让学生及时获得关于学习过程的反馈，改进后续活动。要避免评价过程中只重结果、不重过程的现象。要对学生作品进行深入分析和研究，挖掘其背后蕴藏的学生的思想、创意和体验，杜绝对学生的作品随意打分和简单排名等功利主义做法。

2. 做好写实记录

教师要指导学生客观记录参与活动的具体情况，包括活动主题、持续时间、所承担的角色、任务分工及完成情况等，及时填写活动记录单，并收集相关事实材料，如活动现场照片、作品、研究报告、实践单位证明等。

活动记录、事实材料要真实、有据可查，为综合实践活动评价提供必要基础。

3. 建立档案袋

在活动过程中，教师要指导学生分类整理、遴选具有代表性的重要活动记录、典型事实材料以及其他有关资料，编排、汇总、归档，形成每一个学生的综合实践活动档案袋，并纳入学生综合素质档案。

档案袋是学生自我评价、同伴互评、教师评价学生的重要依据，也是招生录取中综合评价的重要参考。

4. 开展科学评价

原则上每学期末，教师要依据课程目标和档案袋，结合平时对学生活动情况的观察，对学生综合素质发展水平进行科学分析，写出有关综合实践活动情况的评语，引导学生扬长避短，明确努力方向。

高中学校要结合实际情况，研究制定学生综合实践活动评价标准和学分认定办法，对学生综合实践活动课程学分进行认定。

十、各地各校如何做？

综合实践活动课程意义重大，各地和学校要将中小学综合实践活动课程摆在更加突出的位置，切实予以加强。

1. 多措并举确保开设到位

各地和学校要对综合实践活动课程常态实施所需要的教师、场地设施、网络资源、经费投入等，进行合理规划和统筹安排，为所有中小学开齐开足综合实践活动课程提供必要条件。要建立健全指导教师考核激励、课程实施过程督查、师生安全保障等机制，确保综合实践活动课程顺利实施。

2. 不断提高研修水平

要组织教师认真学习《指导纲要》，结合学生年龄特点和可利用资源，以提升学生综合素质为核心，深入研究具体活动内容和方式等，防止用上课方式"教"学生活动，不断提升课程实施水平。教师培训部门和教研机构要对综合实践活动课程专兼职教师开展全员培训，有针对性地组织相关研讨活动，为教师专业发展提供专业支持。

3. 切实加强组织领导

各地要按照《指导纲要》精神，明确综合实践活动课程统筹管理和指导的机构及专业人员，推动建立校际间及学校与社会相关部门间的协作机制和资源共享平台，推动实施以学生综合实践活动情况为重要内容的学生综合素质评价，并作为招生录取的重要参考。各学校要明确实施机构和人员，强化对综合实践活动课程的精心组织、整体设计和综合实施。

第三章

综合实践活动

课程优秀案例

第一节　开题活动阶段案例

案例一　路边小摊点的调查与研究

【活动背景】

近年来，有关食品安全隐患的报道日益增多，饮食安全问题已经成为大众关注的一个热点。如今大街小巷遍布路边摊，特别是处于繁华地带的闹市区，路边小吃几乎随处可见。小吃内容丰富，有油炸食品、烧烤食品、盒饭、麻辣烫、腌制品等。但在它的周围却是络绎不绝的车辆、堆积如山的垃圾。在如此污浊的空气、难闻的气味中，看到吃得津津有味的人们，我们不禁感慨：大家是否想到了路边摊上的小吃以及周边的环境对我们的健康有害呢？于是我们成立了课题组，研究路边小摊点对人体健康的危害和对城市的影响，希望引起人们对路边摊现象的关注。

【活动目标】

(1) 通过对路边小摊点调查研究，多角度地让学生对小摊点有一个正确的认识，培养学生初步的辨别是非好坏的能力，养成勤俭节约的良好习惯。

(2) 培养学生的合作、交流能力和收集、处理信息的能力，让学生充分体验围绕一个小课题开展研究、探究性学习的过程，并初步了解和掌握研究方法。

(3) 培养学生发现问题、提出问题和解决问题的能力。

(4) 使学生认识到饮食安全的重要性，提高食品安全意识。

【活动准备】

课件、提问纸条、黑色水彩笔、专题序号。

【活动过程】

一、谈话导入，关注话题

近年来，食品安全事故频繁发生，有关劣质食品的报道层出不穷，苏丹红、毒火腿、瘦肉精、红心鸭蛋，黑心月饼及毒奶粉事件……一起起怵目惊心，轻者致病，重者死亡。其中，不合格的小食品已成为我们小学生最潜在的"不安全消费"因素：多数小食品为"三无"产品，其中还加入了防腐剂、色素、甜味剂，极易造成人们对小食品产生依赖、偏食，还容易患多种疾病……食品安全，已成为我们生活中至关重要的问题。

上个双休日，老师请同学们围绕这个话题拍摄了一些照片，我们在整理的时候发现大家不约而同地把目光聚焦到了这些画面中，我们先来一睹为快吧！

从这些照片中，我们发现大家关注的都是同一个话题：路边小摊点。(出示课题)这节课，我们就来研究路边小摊点。

二、展开讨论，生成问题

(1) 在同学们拍摄的照片中，我们不难发现，对于路边小摊点，有许多值得研究的问题。其中主要有生活、安全、交通、卫生四个方面(出示)。

(2) 请同学们根据自己感兴趣的话题，分成四个小组来进行讨论，如果人数稍多，我们也可以再分成 2 个小组。

下面，来看老师的温馨提示一(出示)：

① 根据话题提出相关问题。

② 组内认真讨论并轮流发言。

③ 指定一位同学执笔记录。

(3) 学生分组讨论，根据话题提出相关的问题，进行初步筛选，把小组中认为最有价值的问题写在纸条上，并贴在黑板的相应位置上。教师随组指导。

(4) 大致问题包括：

① 路边小摊点与我们的生活有哪些关系？(生活)

② 为什么小摊点的食品受到人们的欢迎？

③ 怎样辨别小摊点中食品的优劣？

④ 小摊点的食品对我们的身体有哪些危害？(安全)

⑤ 小摊点是否有卫生许可证？

⑥ 小摊点的卫生情况怎样？

⑦ 小摊点对周边环境有什么影响？(卫生)

⑧ 小摊点对附近交通有哪些影响？(交通)

……

(5) 请同学来谈谈，为什么会想到研究这个问题？其他同学可作适当补充(要结合自己的亲身体会)。

三、概括提升，确定专题

下面我们来确定本次研究的专题，专题从哪里来？就来自同学们发现的问题。例如，我们可以把第一个问题转化为：路边小摊点与人们生活关系的调查与研究。

请大家也试着来把刚才的问题转化为我们本节课研究的专题：

(1) 路边小摊点食品安全情况调查。

(2) 路边小摊点对周边环境影响的调查研究。

(3) 路边小摊点卫生情况的调查研究。

(4) 辨别路边小摊点食品优劣的方法研究。

……(根据同学们提出的问题情况)

教师随机点评，归纳要点，书写板书。

四、讨论计划书

从组员中选出一位组长，要求具有一定的组织能力和研究能力；分组开始进行小组研究计划的制订。

实物出示"小组活动计划书"，这节课我们重点研究本次活动中可能遇到的问题以及解决的方法。

温馨提示二(出示)：

(1) 小组讨论 5 分钟。

(2) 先让学生充分交流，把所有的问题进行罗列，然后由教师进行归纳。

小结：老师发现同学们提出的问题包括两大类，一类是调查访问方面，一类是资源利用方面(幻灯片出示)。

调查访问方面：摊主不肯配合，时间难以把握，交通安全等。

资源利用方面：书籍设备，亲戚朋友，摄影技术等。

下面我们有重点地选择问题来解决。(注意相同类型的问题要引导归并迁移，得出最合理的解决方案)

小结：刚才大家把本次研究中可能遇到的问题进行了讨论，实际上在进行研究活动中还会遇到各种各样的问题，我们要及时请教老师和家长，通过小组讨论，在最短的时间内找到解决的方法。老师非常欢迎大家有问题来找我。

(如果时间充分，再来看我们主要使用哪些研究方法，要根据自己的研究专题选择正确合理的方法。)

五、活动小结

同学们，我们在这节课上对路边小摊点进行了讨论研究，重点讨论了可能出现的问题和解决方法，请小组长负责在一周之内完善小组活动计划，并以邮件形式发送到老师的信箱。

案例二　食物与健康探秘活动

【活动背景】

随着人们生活水平的提高，社会的不断进步，食物的种类也越来越多，人们对于饮食有了更多元化的选择。一些孩子因为偏爱洋食品，喜欢吃高热量、高脂肪的食物，偏食、厌食，造成身体发育不良，最近一次的体检结果显示，孩子们的健康状况并不理想。如何让学生认识食物对健康的重要性，学会合理搭配饮食，真正学会"吃"呢？这是和学生的实际生活紧密联系也亟待解决的问题，也是涉及提高全民素质的重要问题。因此，我们选择了这一"食物与健康探秘活动"主题，想通过这次主题活动，提高学生对各种食物的认识，帮助学生均衡饮食，养成良好的饮食习惯。

【学情分析】

学生对自己平时吃了些什么东西还是比较清楚的，但对所吃的各种食物究竟能够为人体的生长发育提供哪些营养等认识就比较模糊了，而这恰好会影响学生饮食态度与习惯的形成和保持。为了帮助学生树立正确的饮食观念，我提出探究各种食物所含有的营养成分，让学生认识到合理搭配饮食对身体健康的重要性。

【活动目标】

(1) 知识与技能：初步掌握主题生成和分解的方法，培养学生合作学习的意识，并发展学生提出问题、分析问题和归纳问题的能力。

(2) 过程：创设情景，导出问题→讨论交流，生成主题→小组学习，分解主题→成立小组，初定方案→归纳总结，拓展延伸。方法：情景导入法、谈话法、讨论法、演绎法、归纳法。

(3) 情感、态度、价值观：通过主题生成活动，引导学生关注身边人、身边事，激发学生对食物与健康的关系的好奇心和探究欲，并积极参与有关的探究活动。

【活动的重点与难点】

(1) 引导形成探究的问题。

(2) 讨论并探究产生各种问题的原因及其内容。

(3) 初定分组，选组长，编口号。

【活动准备】

多媒体课件，采集卡、油性笔若干。

【学科与德育的有效融合点】

活动伊始便创设了"美食热点追踪"和"我喜爱的食物"调查表、体检结果统计表等情景图，让学生意识到自己虽然每天都离不开食物，但对食物的了解却很少，认识到探究食物营养成分的重要性，也认识到原来生活处处有学问，从而激发他们留心生活、探究生活的热情，增强他们的学习动力。活动中通过让学生自主提出问题、分析问题、归纳问题、选择感兴趣的研究专题并重新组合等方式，培养学生的探究精神、观察、分析能力和团结合作意识；也培养了学生积极表达自己的想法，认真倾听他人意见的习惯和好学、乐学、善学的优秀学习品格。

引导学生小组合作、讨论交流，使学生都有机会发表自己的观点，从而获得对知识的直观认识，也领悟到知识形成的实际意义，培养学生勇于探索、自主创新的学习精神。

【活动策略】

(1) **突出综合实践活动的实践性**。综合实践活动以活动为主要开展形式，强调学生的亲身经历，要求学生积极参与到各项活动中。在学习本课时，学生能参与到每一个环节，例如："美食小侦探"创设情景、导出问题→自主讨论交流、生成主题→小组学习、分解主题→成立小组、初定方案等，让学生真切地感受到自己在活动中的主体作用，从而激发他们参与的热情，也锻炼他们的实践能力和创新精神。

(2) **突出综合实践活动的自主性**。综合实践活动的实施要以学生的直接经验或体验为基础，将学生的需要和兴趣放在核心地位，充分发挥学生的主动性和积极性。本课教学，教师设情引趣，为学生创设情境：通过对"美食热点追踪"和体检结果分析，激发学生对探究食物营养成分、食物与健康关系的学习兴趣，让学生自主发现问题，提出问题、分解主题、归纳主题，大大激发了学生参与活动的积极性和主动性。

(3) **突出综合实践活动的合作性**。学生通过小组合作，选出最有价值的问题并归纳成一个个小主题，重新分组后共同商议，定组名，编有创意的口号。在合作探究活动中，学生与学习伙伴交流分享自己的体验和想法，既有成功的喜悦，又激发思维活动，既有自己的主见，又能求同存异，培养了探索精神和合作学习的习惯。

【活动设计】

一、准备阶段

1. 情景导入

俗语说，民以食为天。中国的饮食文化享誉全球，尤其是我们广州，素有"国际美食之都"的美誉，身在广州的我们可幸福啦，每天都有丰富的美食可挑选，那么，面对着琳琅满目的美食，我们到底最爱吃什么呢？前段时间，我们班开展了一次"我喜爱的食物"调查活动，想知道结果吗？好！下面有请美食小侦探乐乐给大家作热点报道，有请……

乐乐：大家好！我是美食大王乐乐。美食热点追踪的第一个镜头是我们班高大帅气的杨千鹤同学(出示图片)。各种食物都是他的最爱，瞧，他拿着雪糕已经垂涎欲滴了，天哪，吃得多香呀，我都快流口水啦！不知大家是否有同感呢？咦，李健朗正吃什么呢？看你笑得多开心，一定是对面前的食物很满意了吧，哇，健朗面前都是香喷喷的美食呀，我仿佛都闻到香味啦。真香呀！好想吃呀！别看健朗没长胖，可他喜欢吃的东西可真多呀！各种各样，营养均衡。喂，梁溢斌喝什么呢？津津有味的，真享受呀，好了，慢慢享受吧。咦，这是谁呀？原来是我们班的苑鑫小博士呀，吃东西啦，看你吃得脸都放油光了，笑得像朵花似的，是有多好吃呢。哇，欢妮你吃的都是健康的绿色食品呀，怪不得你是我们校运会的小飞人了，可别贪吃哦！同学们，经过我们班开展的"我喜爱的食物调查"活动(出示调查表)，发现同学们最喜爱的食物是肉类、水果类；其次是乳制品和蔬菜类，最不爱吃的是豆类和谷物类食物，今天的美食追踪到此结束，谢谢大家！

2．问题导入

同学们，看到这个调查结果(即刚才的调查表)，你有什么想法呢？

对呀！我们现在的生活水平提高了，我们不愁吃不愁喝，按理说，我们体格应该更强壮，身体更健康的，是吧，唔，前段时间我们班参加了全校性的体检，结果怎样呢，想知吗？好！请看(示体检结果统计表，让学生自己看，在座位上自由说)。

同学们，看了这样的体检结果，你又想到什么呢？

设计意图：通过情景导入和问题，激发学生对"食物与健康的关系"的好奇心和探究欲。

二、引导建构

(一) 生成主题

1．自主探究

你希望我们本次综合实践活动探究什么主题好呢？(根据学生的回答写板书"食物"、"健康")

好！那我们就确定以"食物"与"健康"为主题吧，确定了主题

以后，我们该给它起个什么名字好呢？(个别学生提出，全班表决通过)

同学们，围绕这个主题，你们最想探究什么问题？

2. 合作交流

看来大家都有想探究的问题，下面请把你最想探究的问题写在采集卡上(示课件)，然后在小组内交流，选出三到四个有价值的问题推选代表在班上交流。

哪个组能把你们的问题与同学们进行交流？(各小组代表向全班交流)

设计意图：通过老师的引导和学生的思考，生成活动主题，完成"为什么研究"这一教学任务。

(二) 分解主题(整理归纳出探究的问题)

看来大家提的问题有很多，现在我们来梳理一下，这些问题当中有重复的吗？哪些可以归纳为一类？(学生小组交流后个别汇报归纳出哪几类)

设计意图：通过小组学习，讨论交流，进一步明确怎样探究食物王国的秘密，完成"怎样研究"这一教学任务。

三、自我建构

(一) 初定方案

(1) 在归纳出的小主题中，哪个小主题是你最想探究的呢？下面请同学们选择自己最喜欢探究的主题并自由分组。

(2) 人们常说:"火车跑得快,全靠车头带。"我们的实践活动小组也得有个领头人。下面就请各小组推选出小组长,定个组名,编个口号。(示课件)

(3) 哪组的口号最有气势呢?有信心展示一下吗?(分组展示)

(二) 课堂小结

大家的口号都很有气势,可以看出大家对本次活动都充满了期待,通过本节课大家的表现,我相信你们完全有能力把这次综合实践活动开展得完满成功。现在我们再来回顾一下本节课的内容:本节课我们确定了主题,根据提出的问题整理成六个小主题,分别是……还根据自己的兴趣分了组,选出了组长,定了组名,编了口号。下一阶段,我们将继续为每个小主题设计切实可行的行动方案,最后,老师为同学们带来了几本跟食物与健康有关的书籍,希望对同学们开展活动有所帮助,期待着你们有更出色的表现。

设计意图:通过各组展示口号,帮助学生提高对小组的认同感和参与的热情,通过对与食物相关书籍的推介,为学生提供探究食物王国的课外拓展与延伸。

【板书设计】

探究食物与健康的关系

肉类与健康　蔬菜与健康　豆类与健康　水果与健康　谷物与健康　乳制品与健康 (学生提出的探究问题)

案例三　自由选题

【活动目标】

(1) 让学生从自然、社会、生活中选择关心的问题，写在问题采集卡上。

(2) 学生知道选题的原则，知道怎样选题。

(3) 学生能够自主自愿选择研究的问题。

【活动的重点与难点】

重点：学生能够自主提出感兴趣、易操作、有价值的问题。

难点：学生学会怎样选题。

【活动准备】

PPT、问题采集单。

【活动任务】

(1) 借助问题单预设问题，完成下列学习任务：

① 自主提出想要研究的问题，填写问题单。

② 全班交流问题，学会如何选题。

③ 集体通过投票的方法产生班级研究问题。

(2) 指导方法：学生自主学习，主要是通过观察生活、自然、社会提出自己关心的问题，学生的"讲"体现在形成问题、交流展示的时候，以及选择问题时，教师提出质疑，学生讲解方法。

【活动过程】

一、自主先学，观察提问

(1) 当我们来到这个变幻莫测的世界，就经常会问爸爸妈妈这个为什么，那个为什么，像个小问号，把他们问得哑口无言。其实，许多科学家，像牛顿、爱迪生也是从一个个的为什么走进科研的大门的。那同学们有没有特别想要研究解决的问题？通过我们自己的研究最终解开心中的疑惑呢？想不想？今天，这节课我们就进行自由选题。(板书：自由选题)

(2) 在课前，老师布置同学们通过观察身边的自然、生活、社会去发现问题，并且记录在问题采集单上，完成了吗？同学们都是细心的观察员，现在我们来看这节课的学习任务。

PPT 学习任务：

① 拿出课前完成的问题采集卡，认真读读自己提出的问题，自行修改完善。

② 自主选择一个最想要研究的问题，做上记号。

③ 学生自主完成学习任务

二、展示问题，交流反馈

(1) 同学们扬起了自信的小脸，大脑里的问题在跳跃，已经想好了最想研究的问题。来，一起看我们的第二个学习任务。

PPT 学习任务：

① 用记号笔把自己确定的问题写在卡纸上，注意书写正确、工整，写好后贴到黑板上。

提示：字要写大一点，贴到黑板上要让最后排的同学也能看清楚。

② 学生自主完成学习任务，教师巡视指导。

提示：黑板上的问题要张贴紧凑、有序。

(2) 同学们书写工整，贴得整齐有序，说明同学们有着良好的学习习惯，其实做学问就要这样一丝不苟。接下来，我们继续完成下一个学习任务。

PPT 学习任务：

学生静静地观察黑板上的问题，找出你认为最有价值(有意义)的一个问题，说说理由。

提示：同学们要仔细观察每一个问题，说说理由。(心里说，不出声)

(3) 有价值你怎样理解？(集体交流选择的问题及理由)

板书：问题有意义(价值)

三、讨论方法，明确选题

(1) 我们到底该怎样选择问题呢？来，一起完成我们的下一个学习任务。

PPT 学习任务：

对于我们六年级学生来说，研究工作要想顺利开展，应该选择什么样的问题最合适呢？

提示：发言人人有机会；讨论声音要适度；注意倾听有礼貌；意见不同可补充。

(2) 小组讨论，教师巡视指导。(四人一小组)

可以选择一个题目有目的地进行引导,如何研究？能不能直接研究?(直接让学生回答如何选题。)

(3) 同学们的热情真高，老师为之钦佩，现在同学们来一起说说。

板书：多数人感兴趣，能够直接研究，问题有意义(价值)。

(4) 这时候我们根据刚才的选题方法再来看这些问题，你的选择有没有改变？(同位交流。)

(5) 同学们个个都胸有成竹，我们的目标是通过我们的发言，得到其他小组的支持，有没有信心?

(6) 指名 3～4 位同学再说。

四、民主投票，确定主题

(1) 老师觉得你们提出的这些问题都有研究的价值，只可惜我们人力物力都有限，所以还是选一个既是大家都感兴趣，又能够直接研究且有意义(价值)的问题，咱们齐心合力研究，大家说好吗？

(2) 那么在这么多的问题中，我们研究哪个问题比较好呢？怎么选呢？老师发愁了，谁能当一回小诸葛亮帮我出出主意，该怎么选，用什么方法最公平呢？你们可以讨论讨论。(学生小组讨论)

生：我们可以投票，既民主又公平。

(3) 同学们再次静静地看黑板上的问题、思考，然后通过"贴票"的方式来确定我们下一阶段的研究主题。

(4) 确定主题。

五、归纳总结，提出希望

通过这节课的学习，相信同学们一定对怎样选题有了更深刻的认识。谁能说一说选题时要考虑哪些问题？(由学生来总结)

要进行有效的探究，我们必须选择一些感兴趣的、与生活紧密联系的、便于操作的问题，这样能事半功倍。在接下来的活动中，老师期待着你们每一个小组能够像今天这样互助合作，争取更精彩的表现，预祝同学们活动圆满成功！

案例四　神奇的叶子

《综合实践活动指导纲要》明确指出：综合实践活动是基于学生的直接经验、密切联系学生自身生活和社会生活、体现对知识的综合运用的实践性课程。该课程要求从学生生活实际出发，尊重学生兴趣、爱好和需要，突出学生的主体地位和作用，注重实践性体验与感受，为学生提供开放的个性发展空间，培养学生的创新精神与实践能力。

【活动背景】

对四年级学生而言，对自然事物充满着好奇心，有着强烈的求知欲望。千姿百态的叶子生活中处处可见，奥妙无穷，让学生通过调查与研究，资料收集与处理等实践认识叶子，学习新知，伸出灵巧的双手，插上想象的翅膀，制作精美的工艺品，学生更是具有浓厚的兴趣和强烈的求知欲望。所以活动指南把"神奇的叶子"确定为劳动技术类的一个活动主题。

【学情分析】

四年级学生具备了一定的自主探究、合作学习的能力。但是他们在神奇叶子的主题范围内发现问题、提出问题、对问题进行归纳分析并且制定出具有可行性的问题探究方案方面还有待于提高，学生的动手实践能力和合作学习的积极性、主动性也需要进一步地加强。

按照综合实践活动课的基本课型"神奇的叶子"实践活动分为活动主题确定课、活动方案制定课、叶子的收集与记录实践课、探究叶子功能、制作树叶贴画和活动成果交流六个基本活动，由于时间关系，在这里重点就第一个主题实践活动的课堂教学构思，谈谈我的想法。

【活动目标】

1. 知识与能力

(1) 学会在神奇的叶子主题范围内，提出自己感兴趣的问题，并能转化成可研究的主题。

(2) 提高合作学习能力。

2. 过程与方法

(1) 体验神奇的叶子的探究与制作过程，学会主动与同学分享信息、思想与成果。

(2) 养成主动探究问题的习惯，培养热爱自然、热爱生活的浓厚兴趣。

【活动的重点与难点】

重点：掌握围绕神奇叶子这个主题，提出问题的方法。

难点：在主题范围内能够提出问题，提出有价值的问题。

【教学方法】

依据综合实践活动指导纲要，本节课我主要采用以下教学方法实施教学：

(1) 情境设置法：在本节课上，从美丽的大自然千姿百态的叶子入手，使学生很自然地融入到问题情境中去，产生思想上的共鸣。

(2) 游戏比赛法：通过设置两个游戏比赛活动激励学生参与。

(3) 讨论交流法：引导学生充分发挥集体的智慧，自主学习、合作探究，共同分享合作的乐趣，感受成功的喜悦。

【学法指导】

教给学生学法是为了实现叶圣陶先生提出的"凡为教者必期于达到不教"的目标。本节课确定的学法如下：

(1) 情境体验法：能够联系生活，融入情境，产生联想，激发思维，产生问题。

(2) 小组合作讨论法：积极参与，畅所欲言，交流研讨，合作探究，分享成果。

【教学过程】

本节课是实践活动的第一课时，其任务是让学生提出问题并把问题转化成可研究的主题。

一、创设情境，引入课题

这个环节从所认识的植物分析引入课题，激发学生学习和探究的欲望。

二、自主探究，提出问题

1．比赛 1 提出问题

教师讲述提出问题的方法：是什么，为什么，怎么样。问题必须具有科学性、创新性。

根据自己的理解，每个人在纸上写下一个自己最想问的问题，看谁写得快。

2．比赛 2 筛选问题

多媒体出示问题筛选基本原则：

(1) 合并法：把内容相近或相似的问题合并成一个问题。

(2) 剔除法：把没有意义、没有探究价值或没有探究必要的问题剔除。

(3) 比较法：通过比较分析只保留几个最有价值、最值得探究的问题。

3．小组交流

每个小组只保留两个认为最有价值的问题(不能重复)，写在贴条张贴于黑板上，看哪个小组贴上去得最早。

引导学生对问题进行筛选，保留与学习小组数目相等的问题个数。

三、交流学习，确定主题

1．主题确定原则

科学性原则、可行性原则、创新性原则。

2．主题表述结构

研究对象、研究内容、研究方法。

3．主题表述形式

(1) 关于……的研究。

(2) 有关……的调查和思考。

(3) ……的调查与分析。

(4) ……的调查研究。

(5) ……的实践探索。

4．主题表述要求

(1) 语言表述要简洁明了。

(2) 研究内容要清晰清楚。

(3) 研究范围要切实可行。

四、典型错误

请大家看看，曾经有过这样几个课题：

世界上有多少种叶子　　　　(违背了可行性原则)

叶子为什么有大、有小   (违背了科学性原则)

叶子为什么能进行光合作用   (违背了创新性原则)

探究叶子与人类活动的关系   (正确的、标准的表述)

指导学生把问题转化为活动主题，并张贴于黑板上。

五、回顾总结

(1) 谈谈你在这节课上的收获。

(2) 总结：我们的生活多姿多彩，色彩缤纷，叶子中具有无穷的知识与奥秘，需要我们去生活中发现学习，希望同学们在以后的活动中多多参与，大胆发现，合作探究，不断增长自己的实践能力。

案例五　厨房用具创新意

【活动背景】

(1) 厨房用具是家庭生活不可或缺的"好助手"。但是，许多学生对厨房用具一无所知，甚至连燃气灶的开关都不会使用。

(2) 让学生们走近这些厨房用具，也就是走近现代科技。学生通过调查了解，有利于培养他们的科技意识，增进对科技的情感，发展自身的科学素养。

(3) 厨房用具比较常见又贴近学生生活，学生也愿意动手使用它们、改进它们，因此对这一课题很感兴趣。

【活动目标】

(1) 了解生活中的一些厨房用具的利与弊，并对部分厨房用具进行改进。

(2) 通过对厨房用具提出问题，进行改进的过程，提升问题意识，激发创新思维，提高动手能力。

【活动时间】

一学期。

【活动年级】

5～6 年级。

【活动计划】

本活动本着"学生主动参与，教师全程指导"的原则，以重过程，求实效为宗旨，以"学校—家庭—社会"为活动主线，开展四个阶段性主题活动：确定主题、设计方案、实践操作、成果展示。

【活动实施】

一、确定主题

目标：学会设计调查表，整理调查结果，总结调查情况。

查阅资料，了解常用厨房用具种类及使用情况，感受科技进步给人类生活带来的巨大变化。

交流"厨房用具知多少"的调查问卷。在调查访问的前提下，引导学生对厨房用具做更进一步的探究，对厨房用具在使用中存在的不便之处进行资料整理，确定需要改进的厨房用具。

(1) 了解厨房用具的发展状况，体会科技的进步。

① 通过图书馆查阅有关资料，了解厨房用具的种类及使用。

② 网上搜索高科技的厨房用具，为第二阶段绘制设计稿做铺垫。

(2) 学生讨论交流课前准备的"厨房用具知多少"的问卷调查。

① 问卷调查内容：

厨房用具知多少？			
被访者		采访时间	
1．你知道哪些厨房用具？			
2．你知道这些厨房用具的原理吗？它们分别怎么使用？(举一例说明)			
3．厨房用具是生活的一部分，那么这些厨房用具在使用过程中存在哪些利与弊？(举例说明)			
4．如何避免厨房用具在生活使用中存在的不便之处？			

② 学生自由组成活动小组，交流调查问卷的结果。

a. 小组为单位交流家人在使用厨房用具时感到不方便不顺手的用具，组长在调查表上进行记录。最后每小组确定最感兴趣、最想研究、最想改进的厨房用具。

厨房成员	不便、不顺手与不足
水槽	

b. 每组派一名成员代表本组上台交流。

c. 师生共同评出"最佳点子奖"、"积极参与奖"和"最佳演说奖"。

二、设计方案

目标：针对各小组给厨房用具提出的意见，选择最感兴趣、最想研究，最想改进的厨房用具，并用上智慧的大脑，灵巧的双手，打造厨房家族的新成员。

(1) 根据"设计稿"，学生分组进行"厨房新成员"设计：

新成员名称			
原有不便、不足、不顺手之处			
改进目标	改进方案		使用说明
所需材料			
设计后改进之处			

(2) 请率先完工的小组初步交流设计理念，其他小组进行评价。

(3) 针对不足与意见，再次对设计稿进行完善。

(4) 小组展示设计稿。小组依次发表自己的发明设想；其他组对代表组的发明设想进行分析、补充；小组将各种意见进行整理、归纳；再次完善(合格的准备制作材料)。

(5) 评选最佳设计方案、最佳交流组、优秀讲解员。

(6) 布置作业。

① 进一步对提出的新设想和意见进行修改。

② 课外寻找制作材料。

三、实践操作

目标：通过亲手动脑实践，对生活中一些常用的厨房用具进行简单改造，为厨房家族增添新成员。

(1) 分组制作，教师巡视，帮助指导。

(2) 课堂上没有完成的小组，课外请家长配合完成，需要外力帮助的，可在老师或者家长陪同下进行。

(3) 作品完成后，要求使用一段时间，在使用中发现问题，提出问题，并向家长老师和同学广泛征求意见，看还有没有需要改进或不合理的地方。然后综合各方面的意见，对小发明加以改进。

(4) 完善作品。

四、成果展示

目标：在班级、学校里，每个小组都展示自己的小发明，充分感受了成功带来的喜悦，维持了学生的活动热情，也是同学们对于这次综合实践活动的小结，更让学生体验到良好的合作意识和合作精神在活动中的重要性。

(1) 各小组分别介绍新产品的特点及功能。

(2) 说说制作感想。

(3) 班级展览。

附　厨房用具新创意作品

1. 拉链式纱窗

创意说明：在日常生活中清洗纱窗是一件令人头疼的事。每次清洗纱窗都得将纱窗拆下来才能开始清洗，最后再将纱窗装回去，这个过程总需要很多时间。而且厨房纱窗是特别容易脏的生活用品，没过多久就得重新清洗。若是我们在纱窗中开一道口子，装上拉链，要清洗时，直接把拉链打开，拿块抹布擦洗，便可清洗，这样既节省时间又十分方便。

2．多用水槽

创意说明：这款多功能水斗排水器具有蓄水、过滤杂物和分质排水的功能。现有的排水器只具有蓄水、过滤杂物和排水的功能，所有的废水都一次性排入城市下水道，不能再利用，造成很大的浪费。本款多功能水斗排水器通过对排水器的改进，把出水口隔成两个，其中一个直接接入城市排水系统，用来排出不能再次利用的脏水；另一个出水口接入家庭储水箱，接纳洗菜、洗手后过滤掉杂物的水，这些水还可以用来家庭浇花、擦地、冲坐便器，达到充分利用废水、节约用水的目的。最后为配合这款多功能排水器的双出水口构造，设计了新型转动盖，可以通过盖子的转动，简便地控制蓄水和分质排水。

3．多功能插座

创意说明：多功能插座利用了平接的原理，把五个插座合而为一。平时，我们用的插座都只能插三到四个插头，而这个多功能插座却能同时插十几个插头。有时，一个插座要拉好长一根线，如果插座多的话，长长的电线就很容易绊倒人，可是这个多功能插座只需要一根电线就能让十多个插座都通上电。

4．快速降温杯

创意说明：有时候，家里烧开的沸水太烫，喝不了，非得晾上半天或是在两个杯子里倒来倒去，都不方便。怎么办呢？这时快速降温杯就派上了用场。把热水倒入杯子,打开开关,杯盖里面一面的风扇就马力十足地旋转起来,这时,只要盖上杯盖,把杯子放在一边,过一会儿关掉开关,看看热水是否变凉就行,如果还是烫,只要继续开启开关,让风扇转起来继续扇,热水很快就变成凉水了!

5. 多用夹盘夹

创意说明:每次看到家里人为了把烧好的菜端到桌上,都费好大的劲,一回一回需要端好几次,这个多功能盘夹利用普通夹子的功能,夹住盘子的边沿(一个盘子用一只多功能盘夹),塑料泡沫部分起到增高的作用,盘子就像叠罗汉,一次可以端三、四盘菜,既方便又节约时间。

【活动反思】

这个综合实践活动课的主题是来源于学生的一句话:"老师,我发现我家的电饭锅换了好几个了,一个比一个先进,我都不会使用了。"生于科技先进的社会,面对先进的生活用具学生难免会有这样的困惑,这个课题贴近学生的生活实际,利于调动他们的动手能力,学生活动起来更有兴趣。

综合实践活动离不开教师的具体指导,制订计划,学会合作,均需要教师的点拨,因此在这个课题中我恰当地做好活动中的"收与放"。在确定主题课中,由于学生有生活基础,很快就有了探究的主题。但是在调查访问中,一开始我挺担心他们第一次在校外自己活动,怕学生自控能力还是不够的。但是实践下来,现在的小学生的能力还是比较强的,所以应在该放手的时候就放手。教学过程中,学生讨论,评价，画设计图，制作模型等多种活动方式，我都力争让学生自主探究，教师不再在课堂中占有优势，而是将学生智力、人力所不及的事，与学生作角色的互换，真正体现倡导者，组织者和服务者。

不过，在学生动手制作中存在的问题还是很多，比如材料的选择、造型的美观等都在具体操作中出现准备不齐、考虑不周的现象，当时我要求学生充分发挥社会力量，请求家长协助来完善作品。

【 活 动 评 析 】

本案例属于项目设计类的综合实践活动，主要以"生活中的创新"为主要内容。此次活动着眼于学生日常生活熟悉的厨房用具，说明科学知识无处不在，引导学生从身边找科学，从身边学科学，培养发现问题、解决问题和应用于实践的能力及发明创新的能力。

活动的实施分为两个阶段：第一阶段——了解厨房用具；第二阶段——改进厨房用具。在第一阶段中，教师引导学生通过问卷调查，了解目前生活中的厨房用具的种类及使用情况，发现厨房用具所存在的许多不便利的地方。这一发现触发了学生参与活动的热情，为下一阶段"改进厨房用具"做好铺垫。第二阶段是活动的主要部分，活动实施的过程在专业技术含量上难度要高于前一阶段。教师在这一阶段中，非常注重过程化，不止一次地让学生对自己的设计进行讨论、修改，培养了他们客观分析与辨证思考的能力。教师还把课堂延伸到了校外，引导学生主要通过求教的方式，解决受自身能力所限的难题。

第二节 实践活动阶段案例

案例一 会说话的手

【活动背景】

大家都知道，校园文化墙是学校对学生熏陶教育的主要阵地，对学生起到了润物细无声的教育，我们学校今年第二期校园文化墙正在紧锣密鼓地布置。开学不久，学生发现学校门厅的墙上多了一幅手语画：不同的手势表达了爱的多种含义。我走进五年级(1)班时，同学们正在热烈地谈论这幅画，可以看出同学们对此非常感兴趣并自发要求开展一次研究"手"的综合实践活动。老师尊重学生的意愿，决定开展一次"会说话的手"短线活动。

【活动设计理念】

本次活动是在学生自发要求下开展的一次短线活动，尊重了学生的兴趣、爱好，体现了学生的自主性。在教师的有效引领下，学生通过采访、调查问卷、实地调研、走访、体验等方式围绕本小组研究的方向展开了一系列活动，最后呈现出精彩纷呈的汇报演出。整个活动过程中，学生对不同手型、手势在生活中体现美、创造美有了更深的认识，通过这一短线活动，学生发现问题的能力、团队合作能力、组织规划能力、动手操作能力和沟通表达能力等综合能力都得到了锻炼和提升。

【活动目标】

1. 知识目标

(1) 让学生知道生活中人们对手的妙用。

(2) 能看懂交通手势、学习简单的手语等。

2. 能力目标

(1) 培养学生能简单分析和统计调查活动数据的能力。

(2) 培养学生能根据自己的研究需要采用合适的研究方式。

(3) 通过活动加强对学生的创新意识、合作能力、动手能力以及沟通能力的培养。

3. 情感目标

(1) 通过小组合作,培养学生的团结协作精神。

(2) 让学生学会关心弱势群体、懂得感恩。

【活动准备】

学生:

(1) 全班自由组合成四个活动小组。

(2) 每组采用实际体验、采访、收集相关资料、邀请美术老师上课等方式来研究自己的主题。

(3) 学生能结合自己的经验排练出一个简单的汇报演出。

教师:

在活动过程中指导学生活动的注意事项和汇报的方式。

【活动过程】

一、创设情境，产生主题

学生对门厅新挂的手语画产生了浓厚的兴趣，自发向老师提出要开展一次研究"手"的综合实践活动，并且在老师的指导下通过讨论确定了各自的研究方向。

二、实践研究，交流指导

各小队开始行动，老师进行拍摄。

交通指挥组：随机采访。

无声语言组：到仁爱小学实际体验聋哑人学习生活的困难。

奇妙手影组：通过上网研究；向家长、同学学习手影的方式来研究手影。

创意手形画组：邀请美术老师上一节手形画的课。

三、汇报指导，成果展示

(1) 汇报指导课，重点指导采用形式新颖的汇报方式。

(2) 课堂汇报，精彩纷呈。

手语传递爱：学生总结活动中的收获和感受并编排了手语舞蹈《跪羊图》。

手影乐趣多：通过现场教手影、手影儿歌、手影故事等方式进行汇报。

七彩手形画：向同学们展示两种手形画的形式并简单介绍创作方法。

交通我指挥：模拟道路交通，一人作交警，其他组员根据手势配合相应的行走方式。

四、拓展延伸，总结升华

教师总结本节课主题，学生谈收获。

案例二　身体的秘密

【活动背景】

随着年龄的逐渐长大，孩子们对自己的各方面都有所关注，如对自己的身体、对别人的身体会产生许多的好奇和兴趣。对于孩子们来说，身体是孩子生活中比较熟悉的一个内容。在生活中和身体相关的内容很多，比如五官、四肢等，这些内容都能引起幼儿对身体的关注，因此我们利用这些内容开展各种活动，拓展孩子多方面的经验，并促进其自我意识的发展。在这个主题背景中，学生会进一步了解人体每一部分的用处和每一部分之间的联系，也让他们知道自己与别人是不一样的，世界上没有两个完全一样的人，让孩子明白自己是这个世界上独一无二的人。同时，我们也会引导孩子了解身体各部位的重要性，从而让孩子形成保护自己的意识，从而养成自我保护的习惯，并启发孩子利用自己手边的工具去探究身体的秘密。

【活动过程】

一、选题指导

(一) 目标

启发学生在对生活的观察中发现问题，在小组合作探讨中提出问题。

（二）活动流程

（1）启发学生在生活中，去观察自己、同伴的身体，引导学生去发现自己想研究的问题。

（2）指导孩子在小组合作中，围绕"身体的秘密"，根据"有价值、可操作"的原则，筛选提出的问题。

（3）每位孩子在确定的主题中，选出自己感兴趣的主题，将同选题的孩子归为一组，撰写子课题研究计划。

二、观察探究

（一）目标

让学生亲自观察，能够用多种方法观察、体验；训练学生有目的、有计划地去观察；观察中要作记录，并且学习整理和总结观察资料。

（二）活动流程

1. 谈话导入，激起观察兴趣

问题1：上课之前同学们已经认识了老师，并且很快学会了写老师的姓，那么在平时大家都还会干些什么呢？

问题2：这都与我们身体的什么部位有关？

谈话3：这些都是我们身体的一部分，今天我们就来观察身体。
(板书课题：观察身体)

2. 观察探究

（1）观察身体的外部特征。

① 身体结构探究。

问题：看一看老师，你觉得老师的身体可以分为几部分？

教师在学生回答时，适时引导，如：学生说身体时，教师可以明确是躯干；两只手叫上肢，两条腿叫下肢，合称四肢。(一边指正，一边出示结构分解图，板书各名称。)

体验：让同学们来摸摸自己身体的各个部分。

② 观察身体外部特征。

第一层次：先请同学们来说说对身体各部分有哪些了解，发掘已有认知，为下面更深入地观察打下基础。

第二层次：利用观察工具深入观察。先请同学们讨论观察哪一部分，怎样观察，然后领取材料进行观察记录。

第三层次：通过汇报发现人的身体对称。

③ 体验身体对称的重要性。

引言：生活中就有一些人的身体不完整，你们知道是什么人吗？(残疾人)

活动：单手解红领巾并再次单手系红领巾，体验身体对称的重要性。

(2) 观察身体的内部特征。

① 观察心脏，指导方法。

问题：同学们身体里都有一颗心脏，你能找到它的位置吗？

引导学生探讨观察方法。可以摸也可以听，介绍简易听筒，提醒观察注意点。

② 利用方法，探究特征。

引导学生猜测身体里还有什么,并进一步深入猜测。

问题:再来找一找这些器官的位置行吗?

说明观察的要求。

3.课后延伸

今天我们初步研究了我们的身体,同学们研究的很投入,研究的结果也让老师为你们自豪。

三、测量分析

(一)目标

(1) 能用测量的方法进行数据采集、搜集信息与资料,学会对数据进行简单的分析。

(2) 让学生在小组合作学习中能够与他人进行很好的沟通,表达小组观点,并且能够发现问题,找出解决问题的策略。

(二)活动流程

1.暖身活动,激趣引题

自我介绍:雨花外小五几班的小朋友们,大家好!我叫XX,真高兴能和大家一起分享这段美好的时光,相信我一定能在你们中交到很多好朋友。

(找个个子高的男生)哇,这个小伙子这么高啊,站起来和老师比一比。 (找个壮实的男生)和你握握手,我猜你虽然没我高,但是你的脚比我大。(找个娇小的女生)和你握握手,呀,你的小手又软又小,我们握成拳头比一比。

小结：身体是我们最亲密的伙伴，时间在流淌，身体也在悄悄地变化。今天我们继续来探究"身体的秘密"(贴：身体的秘密)

关于身体的秘密可多了，曾经有这样的一个故事：

在大侦探福尔摩斯居住的城市里，发生了一起凶杀案，作案的罪犯手段非常高明，在凶杀现场没有留下任何明显的作案痕迹，警察们绞尽脑汁，也找不到破案的线索，这时有人想起了大名鼎鼎的侦探福尔摩斯，就请他来帮忙。福尔摩斯来到了凶杀现场，他在一个隐蔽的角落里发现了一个脚印，这个脚印为破案提供了重要的线索。想不想知道福尔摩斯是怎样根据一个脚印破案的呢？别急，通过今天的综合实践活动我们都可以拥有这样本领。

2．第一次测量

(1) (出示手印脚印)大家看，这是什么？(小手印和小脚印)这是我所在的琅小四5班的小朋友可可刚出生时和现在的小手印和小脚印，看着这些可爱的大小不一的小手印和小脚印，你想说点什么？(预设：小手印和小脚印一个比一个大。小朋友慢慢长大了……)

(2) 说得真好！小小的手印、脚印记录了成长足迹，(看屏幕)这是九岁可可身体的相关数据。你有什么发现吗？

评价：你善于思考。你的观察真仔细。你拥有一双发现的眼睛。预设：讲到对规律的猜测就板书，打上问号。所有数据都是来自一个人的。——要发现一个人身体的秘密，我们所获得的数据也应该全部来自于"同一个人"。

看到这些信息，你的脑海中可可是什么样子？(阳光、亭亭玉立、健康)(出示可可照片)你们说得真好，瞧，采集一个人的身体数据对于我们了解他有很大的帮助。可见，搜集资料多么有意义！

(3) 在之前的综合实践学习中，你都用过哪些搜集资料的方法？(观察、上网、实验、采访……)那么要研究身体的秘密，你觉得可以用什么方法？ 预设：记录他身体每一天的数据(板书：数据采集)，而在数据采集的过程中最有效的办法就是测量(板书：测量)。对，测量就是我们综合实践活动中数据采集的重要方法(板书：数据采集)。

(4) 老师也为每个小组准备了一份身体成长记录卡。请组长打开工具盒，拿出粉红色的记录卡。仔细看，每个小组需要确定的测量对象是几名？马上开始的第一次测量，选择的测量内容是几个？明确吗？在组长的带领下，自主选择工具，开展有序的合作学习吧！开始测量。

在各位的合作下，第一次测量快速、高效，真了不起！友情提示大家，在小组汇报时，请围绕这三个问题。仔细看，清楚了吗？

小组汇报：① 小组如何确定的测量对象？为他(她)选择的测量内容是什么？② 测量这个内容时，选择的测量工具是什么？为什么？③ 我们是怎么测量的？(呈现测量的过程)

其他小组认真听、仔细看，你能发现问题吗？

预设：

第一组：身高。我发现你的个子是六人中最高的。注意脱鞋、从脚后跟到后背测量。(在测量身高时选择的卷尺，没有选择软尺，因为卷尺对身高是适合的测量工具。脱去鞋子，身体挺直，这样测量身高才是——规范的操作。)

第二组：臂展。注意双臂伸直。(这个小组呈现的测量过程有序、高效，看来他们对自己的任务十分明确。尺子对准"0"刻度线，这样得到的数据才准确。)

第三组：脚长。脱去鞋子。通过仔细观察这一小组流畅的测量过程，你最欣赏什么？

第四组：拳头周长。

评价要点：你表达得非常规范；你回答问题十分完整；你质疑的声音真响亮。

3．第二次测量

(1) 在第一次测量时，我们发现在用测量进行资料搜集时，一定要明确任务、选择适合的测量工具，在操作中力求规范，这样得到的数据才准确。第二次进行测量时，可以更换测量对象吗？(出示四张正确的测量图)请每个小组再自由选择一个内容测量。

(2) 孩子们动作真迅速，请听清楚，这次汇报的要求，我需要你们提供身高和脚长的数据。来自小组的数据已经采集好了，课前，我还帮助大家采集了这些数据。让我们再对这些数据进行一个简单的处理，仔细看看这些数据，你有什么发现？从这些数据中，你发现了什么秘密？只要是属于你自己的发现都是有价值的。

预设：学生提出"7"。是这样吗？通过测量我们采集到了雨花外小五几班孩子们身高、脚长的八组数据，从中你们提出自己的发现"脚长的 7 倍大约是身高"。再想一想，这个神奇的"7"是不是只在这几组数据中成立呢？老师还带来了一些数据，(看屏幕)数据来自于 10 位成年男子、10 位成年女子，以及我所在的琅小五年级 10 位学生。仔细观察，神奇的"7"还存在吗？ 是你们发现这个神奇的数字"7"，这个藏在身体里的小秘密。福尔摩斯通过测量发现脚印的长度是 23 厘米，而通过排查锁定了三个犯罪嫌疑人分别是 150 cm、163 cm、180 cm，小侦探们，现在你们知道凶手可能是谁了吗？

4. 方法提升、用法迁移

通过今天的相处，我发现孩子们真了不起，自己能发现问题、提出问题，还能解决问题。我们围绕"身体的秘密"做了这么多有趣的活动，你一定收获了许多，谁来说一说？

身体的秘密太多太多，利用上你身边的工具，还可以采集到身体的哪些数据来发现身体的其他秘密？(用秒表测脉搏，试着发现速度与身高的秘密。用砝码测重量，试着探索身高与体重的秘密。)快乐的时间总是短暂，今天真开心，交到了这么多好朋友，期待下一次，在有趣的综合实践活动中再相聚！

(三) 板书设计

身体的小秘密

数据采集——测量——任务明确 身高(厘米) 脚长(厘米)

操作规范

工具适合

数据准确

四、拓展延伸

(一) 目标

用手边的其他工具，探究身体的其他秘密。

(二) 活动流程

(1) 用秒表测"脉搏"，发现运动前运动后身体的变化，发现体重与脉搏的秘密。

(2) 用砝码测重量，去发现体重与身高的关系等。

案例三 家乡民俗文化探究

【活动目标】

一、知识目标

通过对家乡民俗文化的研究，了解家乡丰富多彩的民间传说故事、民俗风俗习惯、节日食品、民间工艺等，知道他们是乡土文化的一个重要组成部分。围绕民间文学、节日饮食、风土人情、民间工艺等，指导学生对问卷、访问等调查得到的资料进行分析和整理，了解整理资料的各种方法和途径。

二、能力目标

通过活动使学生掌握分析与整理资料的能力，学会不同的统计方法，会简单的统计图和统计表的制作。通过活动提高学生对搜集到的不同资料进行整理概括分析的能力。

三、情感、态度、价值观

通过活动，培养学生的合作意识与动手能力；引导学生互相交流活动成果，互相学习，增进对传统文化的了解，从而培养学生热爱家乡的思想感情。通过民风民俗的丰富文化内涵激发民族自豪感，从而有保护、传承传统文化的责任感。

【活动的重点与难点】

重点：学习问卷统计和分析整理资料。

难点：初步学会对搜集的不同资料采用不同的分析整理方法。

【活动过程】

一、活动导入

回顾：揭示综合实践主题活动——寻访家乡的民俗文化。

引出 7 个课题组：

(1) 县域内民间传说、故事知多少。

(2) 谚语、歇后语、俗语、谜语等探究。

(3) 方言土语大搜索。

(4) 县域内节日食俗小调查。

(5) 县域内民间手工艺调查。

(6) 县域内婚俗探知。

(7) 主要民俗调查。

导入本课学习任务：通过问卷、访问、查找资料、实践等多种调查方法，获得了很多的信息。今天我们重点将资料进行整理和分析，以便我们将课题研究得到的成果更有效地展示给大家。

二、问卷的统计与分析

(1) 方言小队汇报活动。

围绕问卷重点介绍"XXX 县方言土语大搜素"课题组开展活动情况及收获体会。(PPT 展示)

(2) 全班学生分组统计问卷。

了解统计的几种方法，学习画正字法统计。

(3) 结合民学小队问卷小组活动介绍，了解统计图的作用。

介绍"XXX 县民间传说故事知多少"汇报问卷活动情况，根据柱形图统计形成结论。

(4) 学生尝试制作统计图。

① 制作柱形统计图。以方言小队其中的一个题目为例，师生共同制作一张柱形统计图。

② 了解其他统计方式：折线统计图、扇形统计图、百分数。

(5) 小结。

① 小结回顾。

② 幻灯片展示：问卷法整理资料的方法与步骤。

③ 统计数据，图表展示，分析数据，得出结论。

三、访谈法的资料整理与分析

(1) 美食小队介绍活动及采访到的资料整理情况。

紫阳县节日食俗小调查汇报：活动开展情况，采访实践组介绍。

(PPT 展示)

(2) 工艺小队汇报活动情况。

组员介绍自己组采访情况，并将采访资料和网上查到的图片结合，利用 PPT 进行展示。

(3) 师生小结(访谈资料在整理中需注意的方面)。

① 及时整理原始资料，以免丢失。

② 反复阅读，抓住重点。

③ 学会概括分析。

四、下一阶段打算，课后任务

(1) 交流接下来各组工作。

民学小队：民间故事放学校网站上，或编小册子，发到全校各班。

知识小队：编小报，贴在教室里，让同学们了解更多家乡的谚语、俗语、歇后语等知识。

(2) 提示下一步学习任务。

下节课，对查阅搜集的资料进行学习整理分析；并布置学生课外进一步整理资料，为最终的成果展示做好准备。

建议和设想：7 个课题组将分别对自己组的资料进行整理之后再汇总，编成图文并茂式的册子——"XXX 县民俗文化集萃综合实践课题成果集"。

案例四 我喜爱的蔬果(劳动技术类)

【活动背景】

生活中常见的蔬果种类繁多,孩子们也能说出各种蔬果的一些基本特征。人们食用的蔬果保鲜期很短。对于我们非常喜爱的,可以用其他材料制作出来作为艺术品,并长期保存。本课教学内容是技术初步——泥工的第一部分,是整个泥工技术知识的基础。教材设计立足于培养学生的动手操作能力和劳动兴趣。设计课题"我喜爱的蔬果"的目的是从学生的生活经验出发,引导学生认识泥塑工艺,调动学生学习泥工的兴趣,使学生积极参与制作活动,在习得手工制作方法的同时,培养学生对陶瓷器、泥彩塑的喜爱以及对我国传统文化的研究兴趣。

【活动目标】

(1) 认识泥材料的一般特性,初步认识泥制品的一般制作过程。

(2) 指导学生掌握制作简单泥蔬果的方法。

(3) 通过活动,提高学生的审美能力、观察能力和创作能力。

【活动重点】

了解泥塑几种基本技法:搓、捏、压、刻、刮等。

【活动难点】

学会运用基本技法表现不同蔬果的特征。

【活动准备】

教师：教学课件、一次性桌布、水、牙签。

学生：紫砂泥、泥塑工具。

【活动过程】

一、欣赏导入

首先出示一件瓷器，问：你们知道这件瓷器是用什么制作出来的吗？

部分学生会知道是用泥土烧制而成的。

你还知道哪些东西是用泥做出来的吗？

然后播放一段视频介绍各种泥制品。

(瓷器在日常生活中很是常见，而它的制作原料很多孩子可能不了解。运用瓷器导入，其目的就是让学生感受到古代劳动人民的聪明才智，也激发了学生探究中国古代传统艺术的兴趣。)

介绍泥的相关知识。

人们为什么会选择泥来制作各种工艺品呢？(学生说)

教师总结：首先泥土取材很方便，大自然中很容易找到。其次，廉价。还有一个很重要的原因是：泥的可塑性很强，韧性大。

(泥土知识的介绍，拓宽了孩子的知识面。)

同学们看，这些是什么？这时出示老师制作的苹果、香蕉、葡萄……大家想不想自己来做一做这些蔬菜水果呢？今天我们就选用紫砂泥来做一些我们生活中常见的蔬果。揭题板书"我喜爱的蔬果"。

(这样直观的教师作品展示，学生很是羡慕，这就激发了学生动手创作的兴趣。)

二、实践体验

1．试一试、做一做

打开书本第13～14页，按照泥苹果的制作步骤图及其对应的说明文字，自己自主学习制作泥苹果。(这时播放轻松欢快的音乐)

短时间个别学生完成后，暂停音乐。教师问：在制作过程中你运用了哪些制作方法？如搓，你是怎么搓的？手势是怎样的？泥团要搓到什么程度？学生在回答时，可以站起来演示给大家看。

(这一环节的设计是基于学生在低年级就接触过橡皮泥，已经掌握了一些简单的制作方法。这里可以引导学生自主学习研究简单的搓、捏、刮操作技法。)

2．学一学、做一做

师：泥苹果是不是太容易做了？大家想不想做再复杂点的？

(课件出示大蒜头的图片)这是什么？

生：蒜头。

师：这两种不都是球形吗？为什么我们一眼就能分辨出这两种

不同的蔬果？

生：蒜头身上有一瓣一瓣，还有突出来的蒜薹。

师：我们一起来看看怎样又快又好地做出泥蒜头。(视频)

(这一环节是整个教学过程中的重点，利用视频演示讲解制作要点，专业术语和规范、简练的语言让学生看得很清楚，很快掌握制作方法。这样的示范操作方法体现"领"的教学方法。)

视频结束。

师：从视频中你还学到哪些制作方法？

生：拉、切、压、贴。

学生也来尝试制作蒜头。

(视频演示完操作方法后，有些环节学生当时记不清，动作要领掌握不好，还需要教师指导、点拨。即在教师的统一指导下，让学生把整个过程练习一遍。这一过程中就突出一个"扶"字。)

3. 探究学习

(1) 分析蔬果的形状特征。

同样是球形的蔬果，为什么我们一眼就能分辨出这两种不同的蔬果？

讨论、汇报：

老师给大家提供很多素材，分一分，哪些蔬果的制作方法相似。

你是按什么来分类的？(形状：圆形、圆柱、椭圆)

(这一环节的设计是为了帮助学生学会分析不同蔬果基本特征，为解决本节课的教学难点打下基础。)

(2) 创作大比拼。

要求：小组分工制作形式多样的蔬果，制作好后进行拼装。比一比，看哪组的作品种类最多、最像。

学生制作。(播放轻松愉快的音乐)

(学生基本上掌握了一种类型的蔬果制作的方法，在其他形状蔬果的创作中应让学生大胆地独立练习，使其放开走。这一过程要着重一个"放"字。对于操作有困难或存有问题的学生，可以以小组为单位，由组长根据成员能力情况，分配简单或容易的工作，人人都能有一次操作的机会。)

三、作品展评

将每个大组的作品放置在讲台旁的展台上展出，每个学生都是小评委，评价的标准就是书上的评价表。

评 价 表

塑造方法			作品美观		
创新构思			团结互助		
态度认真			准备、结束工作		

在空格内填上"☆☆☆(优秀)""☆☆(良好)""☆(还需努力)"。

四、拓展活动

感兴趣的学生课后尝试给蔬果穿上彩色的"衣服"。

提示：给泥塑上色一般使用丙烯颜料或水粉颜色，上色前可用砂纸打磨一下，上色时先用白色打底，干后再涂上需要的颜色。

【活动反思】

根据本单元的具体内容和所设定的教学目标，我采用的教学方法主要是探究学习的方法，即利用教材中提供的制作泥苹果和泥蒜头的方法步骤的示意图，让学生自主探究学习制作方法，并学会归纳总结各种蔬果的特征。其教学中主要利用多媒体播放视频，不仅能将静态化为动态，而且便于教师在课堂上进行操作。实物投影仪的使用，可以直接将学生操作的过程展示出来，激发学生的学习兴趣，让学生边观察边感受边思考，真切感受到只有善于观察、相互比较、善于思考才能真正学好劳动技术。更能充分地调动学生学习的积极性，较好地完成教学任务。

纲要中指出，学生在参与活动过程中，不但要学会劳动技能，还要学会相互合作、互帮互助。因此，小组合作讨论学习是很好的一种学习方式，引导学生感受到团结、智慧的力量。但在合作讨论过程中，部分学生由于性格问题，不愿参与到小组中来。个别小组学生的讨论实效性不够。这就需要在平时训练小组合作时注意对合作的指导学习，并能引导孩子用准确的语言表述自己的想法。

案例五   走进共享新时代

【活动目标】

(1) 了解"共享"的理念,认识其利弊,初步具有共享概念。

(2) 以头脑风暴的实践活动为载体,激发学生的创新思维。

(3) 通过自主探究、小组研讨,培养团队合作能力。

【活动的重点与难点】

以头脑风暴的实践活动为载体,激发学生的创新思维;通过自主探究、小组研讨,培养团队合作能力。

【活动过程】

一、单车激趣——走进"共享"

(1) 由中国古代的四大发明图导入,引出现有的"新四大发明"。

(2) 关于共享单车,你了解些什么?

(3) 除了共享单车,你还知道哪些共享新事物?这节课,就让我们脑洞大开,一起走进共享新时代。

二、头脑风暴 ——创意"共享"

(1) 假如让你设计开发一个身边的共享产品,你想共享什么?把你的想法写在创意记录贴上。

(2) 小组确定选取一个创意把它变成共享产品。

（3）说说为什么选这个主题？其他同学对他们的创意提出自己的想法和建议。

（4）根据大家提的建议，修改、完善小组的创意设计。

三、产品发布——推进"共享"

（1）开个发布会，推介一下你们的共享新产品。发布前先想想，你们准备从哪几个方面来介绍？怎么向大家介绍这个产品？

（2）请两到三组上台汇报展示。

（3）这节课我们围绕"共享新产品"这个主题进行小组讨论、全班交流，有金点子，也有巧办法，这种形式就叫"头脑风暴"。

四、拓展延伸——完善"共享"

小结：今天我们通过开展"走进共享新时代"的活动，让老师发现大家的创意无限。回去后，可以想想把这个初步成果写成一个方案。

【板书设计】

第三节　交流分享阶段案例

案例一　怎样和他人联系

【活动目标】

(1) 结合已有的相关知识和生活经验，在交流、讨论中整体了解各种联系方式的特点及其应用情境。

(2) 在情境辨析和模拟实践中理解和掌握各种联系方式，学会选择合适的联系方式与他人联系。

(3) 在实践活动中学会倾听、学会欣赏、学会表达，提升与他人沟通交往能力，养成与他人团结合作、友好相处等良好品质。

【活动准备】

多媒体课件等。

【活动过程】

课前谈话：

今天，老师给大家带来了一首好听的歌曲，我们一起来欣赏。(播放《我和你》)

一、谈话导入，引出活动主题

师：同学们，知道刚刚听的是什么歌吗？是的，它正是 2008 年北京奥运会开幕式主题曲《我和你》。"我和你，在一起，同住地球村。我和你，在一起，永远一家人。"地球村再大，只要常联系，就会感觉天涯若比邻；一家人再亲，如果不联系，也会感觉淡漠和疏离。今天这堂课，我们共同来探究怎样和他人联系。

二、问题引领，梳理联系方式

(1) 老师给大家带来了一个短片，让我们来看看这些神奇的豆子向我们展示了哪些联系方式。从这些方式的变迁中，你发现了什么？

(2) 在我们现代生活中，还有哪些常用的联系方式？

三、讨论交流，了解联系方式

1. 猜一猜

前不久，胡老师说要来我们南京雨花外国语小学参加活动，心里可高兴了，因为可以有机会和在南京工作的老同学见面啦。猜一猜，胡老师会用什么方式和老同学联系？把你的猜测及这样猜的理由在小组内分享一下。

2. 议一议

每一种联系方式都有各自的优缺点，下面就以小组为单位来议一议。

方式	优点	缺点
写　信		
打 电 话		
发 短 信		
发电子邮件		
Ｑ Ｑ 聊 天		
发 微 信		

小结：有时候一种情况下可以有多种联系方式，到底哪一种最适宜呢？就要由当时你所处的环境和事情的紧急程度等来灵活选用了。

四、模拟实践，掌握联系方式

1．选一选

有位同学叫王小华，遇到下面这些情况时不知选用什么联系方式，请你帮他选一选。

具 体 情 况	选择	联系方式
① 王小华想向贫困山区的"手拉手"结对朋友介绍自己的家乡		A．写信
② 王小华要去采访消防中队的李叔叔，想提前预约		B．打电话 C．发短信
③ 王小华想向《快乐作文》杂志社投稿		D．发电子邮件 E．QQ 聊天
④ 暑假里，王小华去九寨沟旅游，拍了许多照片，想把它分享给朋友们		F．发微信 G．其他

2.模拟实践

(1) 交流传统的联系方式——写信。

① 王小华终于把信写好了，我们来帮他检查一下书信的格式对不对。

② 对着空白的信封，王小华犯难了，于是就去向老师请教。

(2) 交流普及的联系方式——打电话。

① 听一听。

打电话应该是现代生活中最普及的联系方式了。下面我们来听一段电话录音，听听哪些地方值得我们学习？

② 演一演。

下面我们根据以下情景模拟打电话。

学校开展"我与消防"的综合实践活动，王小华所在的小组想在本周六下午两点去采访一下消防中队的李叔叔，了解一下近年来我市发生火灾的具体情况。请你帮王小华想一想，这个预约电话该怎么打。

分组演练。

实践评议。

(3) 交流现代的联系方式——发电子邮件。

① 发送一封邮件需要完成哪几个步骤。

② 尝试练习。

(4) 交流现代的联系方式——发微信。

① 功能简介。

② 生活应用。

③ 方法学习。

④ 模拟实践。

五、评评议议，学习总结

1. 评评议议

(出示一组图片)你们看到过这样的画面吗？

◉ 在地铁或公交上，几乎人人都在用现代通信工具。

◉ 聚餐的时候，谁也不交流，信息满天飞。

请你来评一评。

2. 学习总结

板书设计：

怎样和他人联系

方式：　　　　　　　　　　　　方法：

写信、打电话、　　　　　　　　选对方式

发短信、发电子邮件、　　　　　讲究文明

QQ 聊天、发微信　　　　　　　语言清晰

……　　　　　　　　　　　　突显主题

案例二　采访小技巧

【活动目标】

(1) 引导学生结合模拟活动，梳理采访小技巧。

(2) 针对特定的采访对象，会设计合适的采访问题。

(3) 在活动中培养学生的采访兴趣，以及合作探究的能力，体验成功的喜悦。

【活动准备】

师准备相关课件及学生用具

【活动前交流】

(1) 课前做个小游戏，小组之间商量一下，设计几个问题，能不能问出我这个宝盒里送给你们的是什么礼物。只要有信心提问老师都给你们小组加星。

(2) 虽然没有问出老师的神秘大礼，但你们都认真参与了课堂，提了这么多问题，而且几位同学还十分会提问题，今天我们就要来研究如何提问题。这份神秘礼物留到课堂最后，小组加星最多的将获得老师这次送出的神秘大奖。

【活动过程】

一、引出采访

(1) 在研究怎么提问题之前，先请同学们静下心来欣赏几幅图片(出示诱人的鸡块、炸鸡)。近两三个月来吃的人还多吗？请看一则新闻报道(播放新闻报道)。

(2) 看完之后，你有哪些担心？你想知道些什么？问谁能得到答案？还对谁有影响？

老师出示思维导图：医生、专家、家禽饲养者和销售者、肯德基麦当劳等快餐店销售、教师、学生等。

(3) 同学们，这些问题我们都可以采取一种研究方法来获得信息，那就是采访(板书：采访)。通过采访亲自进行咨询，获取信息，所得到的信息一定会更全面、更清晰。要想把采访活动完成得出色，就得掌握好多采访小技巧呢！今天我们就以福喜公司变质肉再加工这个话题为例找一找采访小技巧。

二、大展身手

这节课老师设计了几个游戏关卡，有信心一关一关闯过去吗？在闯关中有突出表现的，老师会给小组加星。

1. 第一关：我想问

(1) 采访离不开问题的设计，问题设计得好，你的采访活动才能得到有用的信息。下面我们进入游戏的第一关：我想问。

老师确定一个采访对象——肯德基餐厅销售员，学生 3 分钟内，设计 1～2 条问题，写在问题卡片上。

(2) 各小组合作设计问题。

(3) 已经设计好的小组将问题卡片送到老师的投影下。

(4) 这些问题设计得怎么样呢？我们一起来看一看这些问题设计得好不好，说说你的理由。

老师逐条进行梳理，及时修改或合并等。(板书：不重复 针对性 有顺序等)

(5) 小结：经过大家的努力，针对提问，我们总结出了这么多的小技巧，如果这些方面我们能注意，我们的提问就能做到"问题明确"。(板书：问题明确)

2. 第二关：我会问

(1) 接下来进入游戏的第二关:我会问。请结合我们刚才提炼的小技巧，各小组选择一个采访对象，设计采访问题。出示要求及思维导图。

(2) 各小组选择 1 个采访对象设计采访问题。

(3) 交流：选择两个小组投影，集体评价，互借智慧。

(4) 为了保证采访活动的质量，课后其他小组的采访问题可以请老师、家长为我们再把把关，更有助于我们开展活动。

真的很高兴大家学会了采访问题的设计。那么，在采访前我们除了要设计出合理明确的采访问题外，还需要注意些什么呢？(板书：

预约时间 分工明确 态度亲切 携带工具 把握时机 察言观色 态度认真等)

3. 第三关：我采访

掌握了这些采访小技巧(板书：小技巧)，我们就能比较好地完成一次采访活动了。那么，下面就进入第三关的挑战：

(1) 在采访前先请组长与组员确定一下分工。

(2) 老师作为市民，请采访市民的这一组同学到前面来挑战一下！老师为你们准备了一些采访工具，你们可以根据需要自由来选取。(集体评价)

刚刚是老师友情赞助，圆了同学们第一次实战采访的经历，可是在现实生活中的确会因某些原因不能与采访对象面对面地采访，那么，你有什么好办法呢？补充：QQ、微博、电话、写信等方式。(板书：多种途径)

4. 小结

同学们，在刚刚的模拟演练中学到了不少采访技巧。有了这些技巧，一定会让你的采访活动更加成功。

三、采访总结

(1) 下面，我们来看看得星情况，老师要把今天的大礼送给他们，请组长发奖品。

(2) 老师来采访一下获奖的小组长：你认为你们这组能在闯关中脱颖而出的关键是什么？(完善板书)

你认为你们小组在这次闯关中表现最突出的是谁？

采访组员：对于今天的活动你有什么样的收获？

(3) 同学们今天在这堂课中体验了合作，感受了快乐，学到了采访小技巧。这些都是你们的收获。其实，采访还有很多小技巧，爱研究、爱思考的你们课后再去搜集搜集，有了新的发现带来与你的同伴分享。好，下课！

【板书设计】

预约时间　　针对性

自我介绍　　不重复

问题明确　　有顺序

采访小技巧　　　分工明确　　要清晰

态度亲切

多种途径

　　　　　　　　团结合作

案例三   观察的方法

【活动目标】

(1) 知道什么是观察，认识到观察的重要作用。

(2) 体验到所有感官一起工作，我们的观察才会更全面、更准确。

(3) 运用眼、耳、鼻、舌、手等感官直接观察自然事物，并用语言描述其形态特征。

【活动的重点与难点】

运用眼、耳、鼻、舌、手等感官直接观察自然事物，并用语言描述其形态特征。

【活动准备】

布袋(各种水果等材料)、课件、蚯蚓。

【活动过程】

一、观察有目的

(1) 咱们今天上一节综合实践活动课，综合实践活动课经常会用到观察。

(2) 师：你会观察吗？(手快速背后)猜老师左手戴手表了吗？昨

天我们见面了,今天又交流了一会儿,我手上戴没戴手表你都不知道,你会观察吗?如果老师现在把手拿出来你会怎么办?

(3) (拿出左手)总结:什么叫观察?所有同学都盯着一个物体仔细地看是观察。会观察了吗?再考考你(出示水果图)。

(4) 你从图片上看到了什么?有几种水果?你不盯着水果图看了吗?怎么还不知道呢?再给你一次机会看图,你会干什么?机会来了,第二次看与第一次看有什么不同?

(5) 总结:第一次老师给出图片让看是漫无目的、笼统的、模糊的,而第二次带着问题去看是有目的的去看,由此可见,观察首先要有目的性。(板书:有目的)

二、观察有方法

(1) 师:现在猜老师准备拿出一个神秘的东西,看谁仔细看了,老师手里拿的布袋里面有东西吗?你怎么判断出来的?你的根据是什么?现在大家最想知道里面到底什么东西,怎么办呢?

(2) 师:打开袋子,好办法!但是科学家要是想研究地球内部有什么东西能随便拿着大锯把地球锯开吗?人的肚子不舒服,医生给我们看病能随便拿手术刀把我们的肚子划开吗?今天我们就来探究不打开袋子,怎么能知道袋子里面有什么东西,你有什么好方法?

师评价(边说边板书):手 耳 眼 鼻 舌 脑

(3) 师:同学们太了不起了,想出那么多的方法来观察,现在你们肯定想急切地拿到袋子,是不是?请每组的小组长来领一个袋子,注意：你们什么方法都可以用，就是不许打开袋子，要像科学家一样有序、安静、专注地观察这个袋子。看哪一组同学观察得最仔细，判断得最准确。观察完了静静坐好。

(4) 生研究，师辅导。

师：观察完了，所有小组长把你们的袋子拿到前面来。

(5) 刚才我们用各种感官观察袋子里的东西，拿起其中一组的袋子，回答袋子里的东西，老师追问你怎么知道的？(边回答边板书)

(6) 小结：如果只用一种感官你就容易上当，要各种感官齐上阵，协调作战，我们的观察才会更全面、更准确。

要想各种感官协同合作，还需要一个总指挥。(板书：脑)

研究到这里谁能告诉我们什么是观察？

三、观察有实践

师：今天我们就用学到的方法来观察蚯蚓，检验同学们是不是学会了观察的方法。我们刚才用的各种感官，能用的尽量都用上。

(1) 观察要先有什么？你想探究蚯蚓什么？边观察边记录，看谁最安静，最专注。

观察结束，同学们，蚯蚓也是一条小生命，我们要爱护小动物哦，送蚯蚓回家。蚯蚓回家了，我们来安心交流，展示观察记录。

(2) 思考：他们用了哪些观察方法？用什么感官？

老师相机指导学生观察最重要的就是专注力，要做到凝视、凝摸、凝闻、凝听。

下课记得洗手哦。(提示学生下课洗手)

四、观察有延伸

(1) (出示法布尔的话)有位科学家对于观察说过这样一段话:"在对某个事物说"是"以前,我要观察、触摸,而且不是一次,是两三次,甚至没完没了,直到没有任何怀疑为止。"这位科学家就是法布尔,由于他长期坚持对昆虫如痴如醉地观察,成为了世界著名的昆虫学家,人们称他为"无与伦比的观察家"。

(2) 在综合实践活动中,观察是非常重要的方法,如果同学们能好好运用今天学到的观察方法,你会有非常丰富的收获,说不定未来的科学家就会在我们班诞生。

案例四　探秘"生命"绳结

【活动背景】

绳结，在日常生活和生产实践中，常常可以看见它的身影，即使是小学生，也要经常跟绳结打交道，如：系鞋带、系红领巾、系衣服上的装饰带等。让学生掌握一些学习打绳结的方法及体会绳结的妙用是综合实践活动中的一项重要内容，对于提高学生的生活自理能力、审美能力、自救能力都有着极为重要的意义。根据绳结的不同用途，又可开发出绳结的连接、捆绑、装饰等不同的小主题。本课时通过指导鞋带结和接绳结为例，激发学生兴趣并学会运用不同的方法解决一些绳结探索的实际问题。

【活动目标】

(1) 通过生活情景认识到绳结在生活中的作用。

(2) 学会系鞋带结，在操作过程中总结探索的方法，以便运用到生活中对其他绳结的探索。

(3) 提高学生的动手操作能力、生活自理能力，能解决一些绳结连接的实际问题。

(4) 在活动过程中，让学生体验动手实践和解决问题的乐趣。感受生活中所蕴藏的奥秘，引导学生养成走进生活、探索生活的意识。

【活动的重点与难点】

重点：认识绳结，学会打接绳结，体验动手实践和解决问题的乐趣，提高学生动手操作能力和生活自理能力。

难点：通过活动，探索绳结的奥秘，学会接绳结。

【活动准备】

教师：电脑、绳子、床单、绳结分解图、一双系鞋带的鞋子。

【活动过程】

一、魔术激趣，引出活动主题

(1) 我是 XX 老师，课前我们来做个小游戏。看，这是一根绳子，请一个同学拉一拉，结实吗？我将这两根绳子对折，再对折，将中间的折痕剪断，现在剪完后变成了两根绳子。我将两根绳头打个结，就把两根绳子用结连在一起了。现在，我要让这个绳结消失，将这两根绳子重新变成一根。用力给我手上的绳子吹口气。竭尽全力！现在是见证奇迹的时刻！看！绳结消失了！

(2) 想学吗？如果在接下来的活动中表现好，老师就把这个魔术教给你们。

(3) 小小的绳结蕴藏着许多奥秘，摇身一变就消失得无影无踪了，今天就让我们走进绳结的世界，去探索绳结的奥秘。(板书：探秘　绳结)

(4) 同学们，绳结与我们的生活息息相关，你知道生活中的哪些绳结？

设计意图：以魔术的形式激发学生参与活动的兴趣，初步引导学生感知绳结的奥秘，调动学生探索实践的积极性。

二、试打鞋带结，学习归纳方法

(1) 看，就连我们平时穿的鞋子也离不开绳结。老师想请一个同学上台给这只鞋子打个结。她打的这个结看上去怎么样？(美观、牢固)你们平时是这样打的吗？

(2) 可是你们知道吗？就是这样美观的、看上去牢固的绳结，有时候甚至会给我们的生命带来危险，你信吗？

(3) (播放视频)看了这个视频，你有什么想说的吗？你在生活中有没有遇到过因为鞋带结松散而造成的麻烦？

(4) 同学们，不要小看这小小的鞋带结，有时候它居然关乎着我们的生命安全。(板书：生命)

(5) 今天你们很幸运，遇到了我，我将教你们一招一劳永逸的打鞋带结的方法。

(6) 播放鞋带打结的视频。

(7) 看清楚了吗？快速地用这种方法系鞋带。看谁系得最快！

(8) 同学们真是心灵手巧，看一遍视频就学会了。不过也有同学没学会。什么原因？(视频讲解太快，记不住)

(9) (除了查阅视频资料)你还有什么好的办法能更清晰地记住每一个步骤呢？(参照分解图例)

(10) 统计小组内已经学会的同学。还有少部分同学没有学会，我们还可以采用什么样的方法呢？(请教身边的高手)

(11) 下面就请小组合作通过参照分解图例和请教身边高手的方式，务必让每一个组员都学会。已经掌握的同学也可以参照图例互相检查自己的方式对不对。

(12) 小结：刚才，同学们通过"查阅视频资料""参照分解图例""请教身边高手"的方法完成了鞋带结的学习。老师觉得大家特别厉害，每个同学通过不同方式的学习，最后都学会了系鞋带结，成为了生活中的高手。

(13) 小小的鞋带结关乎着我们的生命安全，也有一些结在我们的生命遇到危险时，能帮助我们脱离险境。你们信吗？

设计意图：本环节意在从学生的生活实际出发，通过打鞋带结这样一个生活中都会接触到的事情，引导学生感知绳结在生活中的重要性，并以学打鞋带结的活动引导学生在动手实践中总结方法的习得，让方法来源于生活，并能运用到生活中去。

三、学系接绳结，活用研究方法

(1) 播放视频(绳结自救)，通过这个视频你知道了什么？

(2) 是不是只要让两根绳子连接在一起的绳结都可以用来逃生呢？我们现场试一试。(祖母结　接绳结)

(3) 你会选择哪一个？(接绳结)为什么？(牢靠)看来关乎生命的绳结我们一定要慎重选择，想不想学接绳结？

(4) 巧手大比拼。

接下来我们来场巧手大比拼，一起做接绳结。打开你们桌子上的材料盒，看看里面都有什么(若干绳子，一张分解图，一个现成的接绳结)。猜猜这个现成的接绳结有什么用处呢？(板书：实物拆解分析)另外，老师在平板电脑中已经帮大家下载了视频资料，可供同学们参考。

万事俱备，请一个同学来读一读任务要求。

(5) 学成自主学习打接绳结。

(6) 采访最先做好的小组，介绍一下，你们分别都是选用的什么办法？为什么选择这种办法？(预设：视频可通过暂停、后退、拖动进度条的形式反复练习；参照分解示例图要注意顺序、图示箭头、文字重点。)

(7) 看来我们实践的方法虽然多，但必须要选择最有效的、最适合自己的方法。(板书：有效、适合)

(8) 你们真是会合作、懂分享的小组。我想请你们推荐小组代表和老师合作来为大家演示一下接绳结的打法。其他同学看看他打得对不对。(左手绳对折，右手圈下穿，绕左绳一圈，绳头交叉穿，8字形拉紧。)

(9) 感谢这位高手的分享，我想看了他的演示，你们对接绳结的打法更熟悉了。那就请大家将之前打的接绳结拆开重新再打一个，这回可以根据老师送给大家的接绳结口诀尝试自己回忆去做。

(10) 我们六 X 班的同学可真是聪明，不仅在这么短的时间内就学会了打接绳结，而且根据自身的不同情况选择了高效的，适合自己的学习方法。

设计意图：本环节是一个方法的运用。以小组比赛的形式引导学生将上一环节所学到的方法运用到学打接绳结的活动中。在活动中懂得合作的重要性，懂得方法的选择。

四、绳结逃生，联系生活实际

(1) 刚才我们只是用绳子练习着打接绳结。真正遇到火情的时候，假设只有床单，你们能快速打好接绳结自救吗？老师这里就带了两条床单，谁能试试用最快的速度打好接绳结？

(2) 这么简单的接绳结真的这么牢固，能承受人的重量吗？实践是检验真理的标准。我们就来试验一下。(拔河比赛，请两个"大力士"，绳结没有松开，再请四个试试看！)

(3) 原来这是真的，接绳结真的可以承受人体的重量，所以这种方法能广泛地运用于户外运动和逃生自救等方面。

设计意图：综合实践活动来源于学生生活并要运用于学生的生活。此环节的设计以模拟现场的形式让学生体验在火情中用床单系接绳结逃生，并通过拔河的活动来检验接绳结的牢固性，从而让学生明白实践是检验真理的标准。

五、课堂总结，前沿后续

(1) 同学们，今天的活动很丰富，老师也能感受到大家很开心，在开心的同时你又学到了什么呢？

(2) 最后，这节课同学们表现得非常出色，老师要为大家揭秘绳结魔术，赶紧打开你手中的魔术揭秘宝册吧。你发现宝册中有什么？(分解示例图、网址、实物)魔术就藏在分解图例中，魔术就藏在视频网址中，魔术就藏在实物分析中。

(3) 同学们，小小的绳结与我们的生活息息相关，它不仅关乎着我们的生命安全，还能给我们带来乐趣。生活中还有更多有趣的绳结等着我们一起去探究，希望同学们在生活中做一个有心人，运用学到的方法继续我们的绳结探秘之路。

设计意图：方法指导是综合实践活动过程中的一个节点。方法指导的完成意味着学生生活中对绳结探索的开始，因此在教学结束环节，总结习得的方法，有助于学生课后探究活动的开展。另外，将魔术以各种方法的形式揭秘，不仅前后呼应，更是对课堂中所学方法的提升。

【板 书 设 计】

探秘 "生命" 绳结

查阅视频资料

鞋带结　　参照分解图例　　　高效

接绳结　　请教身边高手　　　适合

实物拆解分析

案例五　秦岭自助游

【活动背景】

现在很多学生都曾随父母出去旅游，但是大部分学生连旅游的基本常识都不清楚，可以看出现在很多学生更多的是在教室里面接受教育，缺乏基本的社会经验。综合实践活动强调学生走出教室、走出学校、走向社会，在开放的社会生活中进行学习。所以本次活动选择了学生都熟悉的秦岭设计了一次自助游活动，通过活动增加学生的社会经验。

【活动目标】

本次实践活动属于综合实践活动中的"社区服务与社会实践"以及"社会体验类活动"内容。综合实践活动的实施过程可分为活动准备、活动实施、活动总结与交流三个阶段。本课属于整个活动的第一阶段——活动准备阶段。

一、情感态度价值观目标

通过小组合作，了解合作的意义和价值，养成合作品质。友好与他人相处，接纳与包容他人，学会尊重他人的意见和观点。融入集体，关怀他人，具有集体意识与责任感。

二、能力目标

能周密安排各种因素，计划清晰、可行；在执行计划中，充分利用好人员、时间、经费、物质和设备等资源；能根据具体情况，适当调整、完善方案，能对比计划评价活动是否成功。

三、方法目标

对调查结果能提出相关的质疑、见解、看法，并能尝试提出解决策略或建议。

(1) 让学生了解一次旅游需要做哪些准备工作。

(2) 让学生知道在准备"旅游随身物品"时不仅要考虑个人也要考虑整个团队。

(3) 让学生知道规划旅游经费和旅游行程时候要精打细算，从多方面考虑。

【课时安排】

本活动预计安排 3 课时完成，本课为第 1 课时。

【活动的重点与难点】

学生能够对自己的方案进行合理说明，能对别人的方案进行合理评价，并能根据实际情况完善自己的方案。

【活动准备】

(1) 每个学生了解一些自主挣钱的方式方法。

(2) 学生 4 人一小组，选一个组长。

(3) 每个组一个资料包："旅游计划书(一)、(二)"、水笔 4 支。

(4) PPT 课件、视频展示台。

【教 学 过 程】

教学环节	教师活动	学生活动	备注
创设情境引入主题	1. 同学们，马上就要进入国庆小长假了，很多人会选择在假期里出去旅游，今天老师也和同学们一起来策划一次旅行，目标是中国著名的山脉——秦岭。 2. 我们这次旅游一切都要靠自己，是一次自助游。——"秦岭自助游"。(出示课题)	学生介绍秦岭	(1) 整个旅游需小组独立完成，不得求助大人，老师提供部分旅游资料及部分启动资金，其余费用需自己解决。 (2) 以小组为单位在秦岭山顶上合影留念。 (3) 旅游时间为 1 天
提出问题整理分类	1. 对于此次秦岭自助游，我们需要考虑哪些问题，做怎样的准备呢？小组讨论。 2. 集体交流，教师提炼几个关键问题板书： **旅游行程(时间、路线)、随身物品(个人、集体)、旅游费用(门票、午餐、交通)**	学生讨论交流	
随身物品精挑细选	1. 要顺利地完成一次旅行需要要考虑很多问题，下面我们一起来解决这些问题。老师给每个组准备了一份资料，请各小组拿出"旅游计划书(一)随身物品"。 2. 小组内交流完成。 3. 学生交流评价。 4. 各小组二次修改	小组合作完成	要求：每个小组限选 20 件物品，每人限选 5 件物品,在○中涂色

续表

教学环节	教师活动	学生活动	备注
经费行程精打细算	1. 随身物品准备好了，下面需要对我们此次旅行的经费及行程进行一次规划，请同学们拿出"旅游计划书(二)"。 2. 学生分小组填写。 3. 学生交流评价。 4. 各小组二次修改"旅游计划书(二)"	小组合作完成"旅游计划书(二)"	老师提示：选择交通方式时要考虑小组实际需要；有些费用是固定的，有些费用是取决于小组的选择，请各小组根据实际需要选择
畅谈收获讨论总结	1. 同学们刚才对旅游随身物品进行了精挑细选，在旅游经费和行程上进行了精打细算，这样一份完整的秦岭自助游计划书就形成了。通过今天这个活动，你有什么收获呢？ 2. 即使我们计划得再完美，实际上我们在旅游途中还会遇到一些计划之外的情况。因此，老师希望同学们利用这个假期进行一次自助游尝试，用数码相机、平板电脑、纸和笔记录下整个旅行的美好瞬间，等开学之后再和老师与同学交流	学生畅谈收获	
欣赏美景憧憬未来	1. 最后请同学们欣赏一段视频。 2. 同学们，让我们走出教室去拥抱美丽的世界吧		

【板书设计】

秦岭自助游

随身物品　旅游经费　旅游行程

个人　门票　时间

集体　午餐　路线

交通

第四节 展示活动阶段案例

案例一 走进重阳节

【活动背景】

重阳节是我国的传统节日，本次活动以重阳佳节为契机，让学生在实践研究中了解重阳节的来历、习俗等中国的传统文化；同时引导学生回顾、总结分组研究的好处，学会针对不同的研究主题，根据不同的要求自主分组，并围绕主题设计小组研究活动，着力培养学生的团队合作精神和活动设计能力。

【活动目标】

(1) 让学生了解我国的传统节日——重阳节的来历、习俗等相关内容，激发学生对我国传统文化习俗的喜爱。

(2) 引导学生了解开展小组合作研究的好处，学会根据不同的要求自主分组，培养学生的团队合作精神，建立小组成员之间和谐的关系。

(3) 指导学生学针对不同的研究主题，设计小组活动，制订活动方案，以激发他们的探究欲望，并培养创新能力、实践活动能力和组织表达能力。

(4) 在活动中，能根据小组承担任务的情况及实际表现，较公正地对自我、同伴等作出合理评价。

【活动时长】

两周。

【活动的重点与难点】

(1) 指导学生学会根据不同的要求组成研究小组，展开探究活动；在活动中充分发挥团队的力量，更好地进行分工合作。

(2) 引导学生针对不同的研究主题，设计小组活动，制订活动方案，以培养学生的创新能力和组织策划能力。

【活动准备】

学生对主题确定课堂上的研究内容并进行初步的了解，搜集相关资料。

【活动年级】

四年级。

【活动过程】

一、出示活动主题，明确研究内容

(1) 引导学生回顾上一节主题确定课。

教师小结：在上一阶段的活动中，同学们通过投票，选择了"走进重阳节"作为本次综合实践活动的主题。在讨论中，大家提出了许多自己感兴趣的、想了解的问题。经过归纳，确定如下几方面的研究内容。

(2) 展示由问题到子课题的归纳过程，出示研究子课题。

重阳节的礼仪习俗(重阳节为什么要登山和孝敬老人？我们小学生能做些什么？重阳节为什么又叫菊花节？)

重阳节的由来(重阳节是什么时候有的？有哪些传说、故事？)

重阳节饮食文化(重阳节除了重阳糕还会吃什么？)

重阳节的诗词 (有哪些与重阳节有关的诗词或名人？)

二、体验小组研究，明确分组要求

(1) 引导学生回顾以往分组展开研究活动的经验，请学生说说分组研究的好处。

小结：综合实践活动中的分组研究既是一种活动形式，也是一次相互学习、自我挑战、不断成长的过程。在小组合作探究的过程中，我们能学到很多东西。

(2) 小组讨论：可以怎样分组。

(3) 全班交流，教师随学生回答而板书总结、归纳。

板书设计：兴趣、性格、能力、性别。

教师指导：组成研究小组除了需要根据自己的兴趣爱好、彼此间的默契程度外，为了更好地开展研究活动，我们还要根据研究课题的特点和自身的能力，性格、性别差异，相互取长补短，通力合作，提高小组研究活动效率!

(4) 教师提出本次合作的要求。

请大家根据各自的性格、能力和性别,自由组成研究小组。

三、组成研究小组,活动推选组长

(1) 学生按照要求分组。

(2) 组织学生讨论,明确组长的职责及其应具备的能力、品质。

(3) 游戏活动投票,选定各组组长。

小结:恭喜各位组长,在这次活动中赢得了组员们的信任!其他同学也不能放松,我们要在活动中不断学习,努力锻炼自己,充实自己,下一次活动你就是组长哦!

四、组织合作探究,设计小组活动

(1) 学生讨论针对各子课题可以开展哪些实践探究活动。

教师指导:选择一个子课题引导各组进行讨论,如:你们会组织哪些活动来了解重阳节的诗词,并将这些知识与大家分享呢?

(2) 小组讨论,填写活动设计表。

教师提示:各组合理分工,选择书写较快、工整的组员负责记录,组长组织讨论。

(3) 采访各组组长,评价本组(成员)在设计小组活动过程中的表现。

教师指导:肯定优点,指出不足。再次回顾、明确分组的好处、要求!

(4) 指名上台交流本组活动设计,听取其他各组意见。

教师指导：对于活动设计中存在的或活动过程中可能会遇到的一些问题、困难，共同商讨解决办法。

(5) 根据大家的建议，各组讨论、完善本组活动设计后再次进行展示交流。

(6) 教师总结：同学们回去以后，在这份活动设计表上填写活动时间、地点、具体的人员分工、活动中可能出现的问题、预设解决方案、相互的评价，以及最终活动成果的展现形式，这就是一份完整的小组活动方案。

请大家在组长的带领下抓紧时间完成这份活动方案，以便更好地开展研究活动。祝大家的活动，有所得、有所获，取得圆满成功！

【板书设计】

走进重阳节

好处：团结、合作、高效、相互学习……

分组

要求：兴趣、能力、性格、性别

1. 小组调查表

小组名称	
子课题	针对性活动
重阳节礼仪习俗的研究	
探秘重阳节的起源	
重阳节饮食文化探究	
重阳节诗词文化传承	

2．小组活动方案

研究主题			
小组名称			
组长		组员	
研究内容	针对性活动		时间、地点、分工
成果展示形式			

案例二　纸趣

【活动背景】

纸广泛应用于社会生活的各个领域，像水和空气一样不可或缺，与学生的关系也十分密切。但学生对纸并不了解，身边浪费纸的现象随处可见，因此本案例以"纸"为主题进行研究，通过收集资料、参观调查、模拟造纸、节约用纸、保护环境等方面的实践活动，使学生们走近"纸"、了解"纸"，更好地利用"纸"。

【活动目标】

本次实践活动属于综合实践活动中考察探究领域的内容。综合实践活动是一项长时性的活动，本次实践活动是此次综合实践活动的中间环节，为实践体验阶段。本次实践活动是在学生之前开展两次活动的基础上进行的。活动一是以小组为单位去造纸博物馆参观，了解纸的历史，古法造纸的内容。(意图：让儿童接触社会，体验生活，取得直接经验。)活动二是在生活中，搜集各种各样的纸、纸制品，了解纸的种类、纸的用途。(意图：让儿童学习搜集资料和研究问题。)

这次综合实践活动立足于学生已有的知识和经验，引导学生从事有益的活动、研究，解决他们自己认为感兴趣、有价值的问题。其关键就是让学生去尝试、去探索、去经历、去感受。通过活动，使学生在情感、能力和认识诸方面得到全面、和谐的发展。

【时间安排】

本活动预计安排5课时完成，本课为第3课时。

【活动目标】

(1) 知道造纸术是中国古代劳动人民的一项伟大发明。通过讨论、探究、体验，并通过与纸发明以前的书写材料对比，感悟古代劳动人民的智慧与伟大的创造。

(2) 运用纸展开各种游戏活动，在活动中感受纸带来的乐趣。了解纸的发明、制作过程，实践制作独具个性的手工纸，将创意融入纸张中，感受劳动的喜悦、合作的快乐。

【活动的重点与难点】

实践制作独具个性的手工纸，感受劳动的喜悦、合作的快乐。

【教学准备】

课件、造纸工具、纸浆、毛巾、各种纸。

【活动过程】

教学环节	教师活动	学生活动	备注
谜语导入 激发兴趣	1. 同学们，喜欢猜谜语吗？今天，姚老师给大家带来个谜语(出示：引读——正看一大片，侧看一条线，轻来风中飘，重可载千年)，猜猜看。 2. 老师拿出一张宣纸，让学生摸摸，说说触摸的感觉。 3. 老师用毛笔在宣纸上写字，写出的"纸"字，贴黑板做课题。 4. 今天这堂综合实践课，咱们就围绕纸(指板书)来学习、探究	猜谜语，触摸宣纸，对纸形成初步印象	

续表一

教学环节	教师活动	学生活动	备注
感受纸的特点 展示纸的奇妙	1．同学们把带来的这些纸的名称、特点在小组内交流交流。(板书：聊纸) 2．学生展示纸及作品。刚才各组的汇报真精彩！牛皮纸、瓦楞纸、餐巾纸……纸的种类丰富、用途广泛。 3．这些纸不但用途广泛，还能变成艺术大师，给我们带来美的享受(课件展示纸艺作品)	小组交流，聊聊纸的名称、特点。 每组派代表展示各种各样的纸	
废纸利用 体验乐趣	1．姚老师跟你们做个小游戏，乐一乐，让你们放松放松，好吗？(出示：纸中装人) 2．你们像老师刚才那样，用纸来玩游戏吗？(板书：玩) 3．同学们刚才想的都很棒，让我们用纸玩起来吧！开始。(放音乐) 4．学生展示，作品贴在黑板上。 5．刚才我们见识了那么多纸，还用纸玩了不少游戏。你能用一个词来说说纸吗？ (随机板书：趣)齐读课题：纸趣。 6．纸与我们的生活紧密相连，那我们的祖先在没有纸的时候，是怎么纪录文字的？学生自由说。 7．直到纸问世了，这一情况才大大改观(出示：古代的书，现代的书)	小组合作，用纸做游戏，可以折纸、刮纸、剪纸、染纸等。 鼓励学生开动脑筋，玩出创意	

续表二

教学环节	教师活动	学生活动	备注
动手实践 个性制作	1．那你们可知道，"纸"是怎么创造出来的呢？说到纸，不禁会想到一个人。 造纸术是闻名世界的四大发明之一，是我们伟大祖先的发明。 我们来看一段关于造纸的介绍。(出示动画) 2．下面，我们也来做一回"小小蔡伦"，制作一张纸。小组合作造纸。 3．纸造好了，请每组派一位代表将做好的纸送到前面来展示。 4．小结：同学们真能干，造出了各种纸	小组合作，结合创意工具，制造各具特色的手工纸	
师生评价 总结提升	1．同学们今天真棒，让我们用一首小诗来夸夸自己。(齐读) 2．奇妙的纸世界，还等着你们去继续探究呢！今天这堂综合实践活动课就上到这里	全班齐读小诗，感受纸趣	

案例三　我身边的新发现

【活动目标】

(1) 通过观察和对比发现身边的新事物，在分析与交流中体会这些新事物对我们生活的帮助。

(2) 通过整理和总结，明确新事物产生的一般方法，并举一反三，尝试使用这些方法获得自己的新发现。

(3) 通过合作与交流，使学生大胆展示自己的作品和想法，清晰描述获得新发现的过程。

(4) 在综合运用中培养学生善于发现的习惯，不怕吃苦的探索精神。

【活动准备】

学生分组、多媒体课件、学生活动记录单。

【活动过程】

一、课前准备

(1) 建立 QQ 群。

(2) 发布预习作业。

(3) 追踪学习过程。

二、方法指导

1. 寻找身边的新发现

师：同学们在生活中一定有很多新发现吧。谁先来给大家介绍一下你的新发现？

拿出准备好的物品进行展示，并请学生介绍自己的新发现。

追问：你知道人们为什么要制作这样的产品吗？

(原来的有缺点，生活中有需求等。)

继续展示作品，说说新发现。

补充出示几组图片(垃圾桶、鞋等)

根据学生的汇报，整理板书：

需求：1. 美观

2. 方便

3. 环保

……

小结：人们的需求各不相同，为了让我们的生活变得更加方便、更加丰富多彩，于是，一些人通过思考，改进了产品。这样，一些新颖的、特殊的产品就诞生了！只要咱们拥有善于发现的眼睛、善于思考的大脑，就一定会有新的发现。板书：我的新发现(因为是第二课时，不仅仅有新发现，还要掌握发现的方法)

2. 小尝试：我的小书包

师：同学们的身边有很多物品，比如小书包，大家天天背着它上学，对它最熟悉了！下面让我们一起开动脑筋，完成一个小尝试。

合作要求：

(1) 回忆一下，在生活中你还见过哪些不同设计的书包，和小组伙伴说一说。

(2) 小组合作，把你们交流的结果填写在记录纸上。

(3) 填好后，在小组中交流一下你的收获。

学生操作活动，教师巡视、指导。

展示作品，汇报交流。

设计意图：鼓励学生用发现的眼光去观察我们身边的事物，并由这些新事物引发大家的思考。根据学生课前收集的资料组织交流，指导学生对比、分析，尝试了解新发现的物品对我们生活的帮助。

3．整理新事物产生的一般方法

师：刚刚大家的汇报都非常精彩。我倒是觉得有一个问题值得思考——这些"新产品"是用什么方法获得的呢？

老师这里准备了一些图片，相信看过之后，将对你有所启发。

(展示图片)

A．自行车图片展示，从大到小。

B．自行车图片展示，从小到大。

C．电压力锅的组合等。

D．口罩、杯子等材质的变换。

师：你觉得这些作品是怎样变化的呢？

归纳方法(根据学生汇报板书)：

A．缩一缩   B．扩一扩

C．加一加   D．换一换   ……

4．方法再认：快速判断

师：同学们的水平真高，一会儿工夫就总结出这么多的好方法。
我这里还有一些作品，你能说说它们都是用了什么方法吗？

展示 8～10 副作品(图片、事物等)

(呈现多种方法并存的物品，引起争议，再释疑。)

小结：你还能举出一些这样的例子吗？大家的表现真出色，发现
问题的能力又有了提升，真棒！只要你善于观察和对比，在生活中你
一定会获得更多的新发现！小本子大家熟悉吧(老师举一本小本子)，
能用刚才的方法整理一下关于小本子的新发现吗？

5．自主操作：我的小本子

操作要求：

(1) 想一想生活中你见过哪些不同设计的本子，利用刚刚学习的
方法进行尝试。

(2) 自主操作，把你的结果填写在记录纸上。

(3) 填好后，在小组中交流一下你的收获。

(修改记录纸，让学生尝试画出来)

设计意图：善于观察，发现身边的新事物是第一层次的目标，
寻找创作方法也是一种发现，对于孩子们而言，这样的发现会给他
们埋下创作的种子，继而将观察得更有目的性，让大家的发现更具
价值。

6. 游戏：奇思妙想变变变

师：通过大家的交流，我们得到了很多获得新发现的好办法。相信对于"新发现"大家又会有新的体会，下面让我们放松一下，一起进入奇思妙想，变！变！变！

活动要求：

(1) 自选身边的一件物品，利用刚刚学习的方法进行尝试，获得属于你的新发现。

(2) 在小组中交流你的作品，获得同伴的评价。

学生汇报，教师点评，强调考虑想法的"可行性"。

同学们的想法很棒！但由于时间紧张，可能有些想法还在构建中，老师也收集了一组图片，希望对你们有所启发！一起来欣赏！

播放创意作品图，简短谈感受。

设计意图：游戏的加入既是为了活跃课堂气氛，其实也是水到渠成的安排。前两次指定物品的设计显然不能满足学生的需求，在此基础上，放手让学生去观察身边的事物，寻找感兴趣的话题，并根据自己的需求，运用合适的方法，尝试创作出属于自己的新发现。这样的安排也会给其他人带来启发，从而获得更多的新发现。

三、整理与总结

1. "我的新发现"主题发布会

师：通过今天的学习，相信大家在生活中一定还会有更多的尝试，会产生更多精彩的作品。好东西、好创意都需要分享。

(出示"我的新发现"主题发布会海报)下节课我们将举办"我的新发现"主题发布会，欢迎大家积极参与哦！

参赛要求：

(1) 进一步完善你的作品。

(2) 准备好发言稿，争取脱稿哦！

师：如果你有好的创意和想法还可以课后在QQ群中进行讨论。当然，我们也可以对别人的作品进行评价。我很期待大家的精彩表现哦！

2. 交流学习收获

师：通过这节课的学习你有什么收获？

为了满足我们的需求，人们用各种方法改变着身边的事物。我相信只要你善于观察和思考，你一定会有更多新的发现，你的新发现也一定会让我们的生活变得更加的美好！

孩子们，让我们"到生活中去，去观察，去倾听，去体验，去创造，去成长。"

【板书设计】

我身边的新发现

需求：方便　　方法：缩一缩

美观　　　　　扩一扩　　　可行性

环保　　　　　加一加

……　　　　　换一换

……

案例四　小值日　大学问

【活动目标】

1．知识与技能

(1) 通过对班级值日工作展开调查，结合自身的值日经验，对值日工作的内容和存在的问题有更深入的了解。

(2) 学会细心观察，用心捕捉，大胆尝试解决，学会与别人合作，分享成果。

2．过程和方法

(1) 从自己身边的值日活动体验入手，围绕值日分享个人的值日经验，提出存在的问题，寻求解决问题的途径。

(2) 通过合作体验，感受综合实践调查、访问、汇报交流等方式，提高学生问题搜集、处理、交流的能力。

3．情感态度和价值观

(1) 以小组探究的形式，通过集体活动，感受与他人交流协作的乐趣。

(2) 对自己的成果有喜悦感、成就感，养成克服困难、健康向上的个性品质。

(3) 通过合作讨论，树立正确的值日观念，初步形成参与班级服务的意识。

【活动准备】

教师准备：

(1) 了解班级值日工作情况，制订班级值日工作的指导预设方案。

(2) 整理班级值日短片，制作学校优秀中队值日工作视频。指导学生拍摄值日工作的调查视频。

学生准备：以值日小组为单位分组。

【活动过程】

活动环节	活 动 过 程	活动指导要点
谈话引入 活动激需	1. 师生谈话，了解班级各项活动状况。 2. 出示班级值日现状，引发矛盾。 3. 引发讨论：导致这样的原因是什么？班级的哪方面工作出现了问题？ 4. 引出主题——值日	1. 通过师生认识、谈话，肯定班级优秀之处，增强学生的集体荣誉感。 2. 引导学生对班级值日中出现的现状进行反思，感受矛盾，引发问题，激发学生新兴趣和讨论愿望。 3. 谈话激需。从镜头微观的角度折射值日问题讨论的必要性
现状调查 经验分享	1. 值日工作现状大调查。 (1) 值日我知道，说说自己知道的值日岗位。 (2) 调查小分享，分享值日小调查镜头。 2. 感受优秀班级值日工作，分享优秀中队值日工作的视频	1. 从学生自身值日体验出发，引导学生对值日工作的内容有新的认识。 2. 通过说一说，议一议，看一看等行为，感受值日工作的多样性，为值日工作存在问题奠定讨论基础

续表

活动环节	活 动 过 程	活动指导要点
合作交流 问题提炼	1. 值日工作大讨论。 说说学生值日的经验，值日过程中碰到的难题，自己期待的值日工作新局面等。 2. 根据学生的讨论问题提炼预设： (1) 班级可以设置哪些值日岗位？ ——岗位设置； (2) 值日工作如何分配更合理？ ——工作分配； (3) 如何更好地使用值日工具？ ——工具使用、保护； (4) 值日工作的顺序——值日顺序； (5) 做值日的时候碰到哪些困难？ ——值日困难； (6) 如何维护值日成果？——成果维护； ……	1. 引导学生从自身值日经验出发，从细微的体验畅谈值日经验和困惑。 2. 帮助学生整理信息，提炼问题。 3. 指导学生用多种方法交流： (1) 说说自己的经历； (2) 采访优秀值日小队； (3) 找找班级遗漏的值日岗位； (3) 和同年级班级比一比； …… 4. 关键词提炼指导
小组合作 问题认领	1. 以值日小组为单位，讨论小组感兴趣的问题。 2. 汇报选题结果，说说选择的理由和问题解决的大致设想	1. 学生汇报选题结果，分享研究大致设想时，关注方法的科学和可行性；说说小组选择的资源，有什么优势。 2. 引导同组学生进行补充说明
评价交流 小结延伸	1. 对值日小组的选择理由和大致设想进行点评。 2. 活动小结	为下一步研究计划的制订进行铺垫

案例五 你 饿 了 么？

——关于食品外卖的研究

（中期交流课）

【学情分析】

近年来，食品外卖成为了社会热点。家庭聚餐来一份，懒得出门来一份，越来越多的人享受到了在共享经济社会下，外卖给生活带来的便利。与此同时，我们也发现外卖还带来了环境污染问题、健康问题和社会安全问题等，值得我们重视和反思，因此我们决定对食品外卖展开研究。前期学生经历了选题，制定研究计划，并通过上网查找资料、采访、实地考察等方式，获得了很多一手研究资料，故本节课指导学生对前期的活动展开交流、分享与总结，以期指导后续的小组活动。

【活动目标】

(1) 深化对食品外卖的认识，进一步明确后期研究的方向。

(2) 发展倾听、思考、归纳、表达等方面的能力。

(3) 感受研究和交流的乐趣，体验成功的快乐，进一步激发研究的动力。

【活动重点与难点】

通过小组间的交流，有步骤地把握学生前期研究资料，指导学生进行归纳，整合，提炼，形成对食品外卖更全面的认识和判断，指导后期研究。

【活动准备】

PPT、iPad、学生前期研究资料、学生记录本。

【活动时间】

1 课时。

【活动过程】

一、回顾活动，呈现倾向

(1) 同学们，本学期咱们围绕共享经济开展综合实践活动。近期同学们围绕食品外卖展开了研究，大家都研究了些什么呢？请小组同学依次来说一说。

(2) 在研究的过程中，我们对外卖有了一些认识，你们喜欢点外卖吗？说一说理由。

(3) 喜欢外卖的同学站在右边，不喜欢的同学请站到左边，对外卖无所谓或拿不定主意的同学站在中间。

设计意图：回顾前期各小组研究主题及研究方法，顺势引导学生形成对外卖的初步看法，并完成第一次分组，为后面小组交流创设氛围。

二、小组展示，分享资料

(1) 通过我们前面的调查，大家对外卖现象有了一些认识，也有了一个基本的态度，有人喜欢，有人不喜欢，也有同学无所谓，这只是大家在研究过程中个人的体会。如果我们把伙伴们在研究中获得的资料来一次共享，看看你对外卖的态度还会改变吗？

（2）小组轮流上台，选择一项过程性资料进行汇报。

要求：发言声音响亮，学会倾听，及时记录关键词。

第一小组：对外卖的认识，PPT 展示小组调查问卷结果；

第二小组：外卖 APP 管理，PPT 展示收集到的报纸、网络和电视新闻；

第三小组：外卖的广告，用现场模拟的方式展示收集的创意 APP 广告；

第四小组：外卖小哥，展示前期实地考察和采访录音资料；

第五小组：外卖的支付，通过收集资料，比较外卖的支付方式；

第六小组：外卖的弊端，通过出示网上关于外卖引发的环境问题的热点讨论分析。

设计意图：六个小组的交流展示，不仅是前期研究成果的展现，更体现了学法的交流，为学生形成独特的思考和判断提供材料支撑。

三、梳理记录，归纳观点

（1）听了各小组的汇报，相信大家有很多收获，我们来看看，你都记了些什么啊？

（2）分享了这么多资料以后，你对食品外卖的认识有没有变化呢？ 15 秒重新站队。

（3）咦，有一部分同学调整了观点，有的走向了对方阵营，有的改为持中立态度，也有中立的观察员们去了正方或者反方。老师来采访几个同学，说一说你改变立场的原因。

（4）确实，外卖让我们享受便利生活的同时，也带来了一些环境污染问题和健康问题，值得我们重视和反思。

（5）分享了这么多资料以后，同学们对食品外卖有三种不同的观点，这边的同学赞成食品外卖利大于弊，那边的同学认为食品外卖弊大于利，中间的同学认为食品外卖利弊相当。关于食品外卖到底有哪些利和哪些弊呢？让我们一起来梳理归纳一下。

　　要求：① 将观点写在纸上，一个观点写一条，及时张贴在黑板上；

　　　　　② 中立的同学可以参与任一组的交流，时间为 3 分钟。

设计意图：学生在各小组的交流活动中，有自己的发现和体会，老师通过展示学生交流过程中的记录，帮助学生抓住各小组交流重点，培养学生做一个生活的有心人。同时指导学生梳理归纳食品外卖的利与弊，帮助学生做出有理有据的判断。

四、回顾小结，拓展延伸

通过小组合作学习，我们梳理了这么多关于外卖的利与弊，让我们一起来看一看。对我们消费者来说，外卖方便快捷，给我们带来很多便利，足不出户就可以吃到各种美食；对于商家和骑手来说，给他们提供了更多的商机和工作岗位，我们也不得不正视外卖确实对我们的环境和健康带来了隐患，尤其是食品安全、交通安全以及个人信息安全。但是总体而言，外卖的发展是一种趋势，未来肯定也会得到进一步的完善，我们需要兴利除弊，解决外卖引发的弊端。

课后：(1) 同学们可以自主寻找小伙伴，聘请家长或老师做外援；

(2) 想一想，怎样解决目前食品外卖存在的问题；

(3) 讨论一下，我们小学生可以做些什么？

期待你们下一次的精彩表现！

设计意图：通过本节课的交流，生成新的研究问题，指导学生在后续研究活动中，更加深入细致地展开研究。

【板书设计】

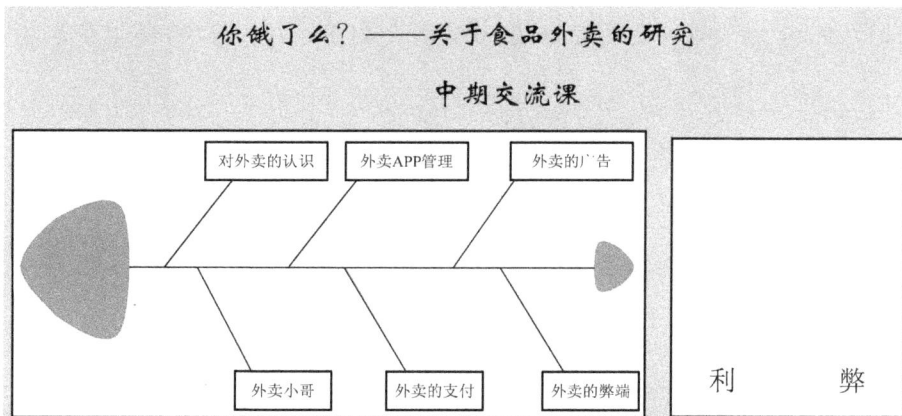

参 考 文 献

[1] 教育部. 中小学综合实践活动课程指导纲要(教材〔2017〕4 号).

[2] 钟启泉. 综合实践活动课程的设计与实施[J]. 教育研究，2007(2).

[3] 郭元祥. 综合实践活动课程的基本规定[J]. 当代教育科学，2003(4).

[4] 李莎，等. 对我国综合实践活动课程实施现状的反思[J]. 基础教育课程，2016(8).

[5] 万伟. 试论综合实践活动课程的实施模式[J]. 课程 教材 教法，2016(2).

[6] 陈时见. 综合实践活动理论与案例[M]. 南宁：广西科学技术出版社，2005.

[7] 综合实践活动研究[J]. 中国教育学会教育学分会综合实践活动学术委员会会刊.

[8] 江苏省中小学教学研究室. 综合实践活动网.

基础教育前沿探索系列丛书征稿启事

为挖掘陕西和全国基础教育优质资源，发挥优质教育资源引领示范作用，助力陕西基础教育追赶超越，我社充分发挥教育出版的功能和价值，紧密跟踪基础教育"发展新趋势，政策新导向，教研新理念，教改新契机"，服务基础教育创新发展，特向长期致力于基础教育创新实践探索，并取得显著成效的全国著名专家、省级学科带头人、特级教师和一线优秀教师征稿，倾力打造《基础教育前沿探索系列丛书》，欢迎赐稿。一经选用，免费出版，支付稿酬。

最新出版：

陕西省中小学综合实践课程带头人、西安小学校长吴积军老师《中小学综合实践活动课程实施策略》

内容简介：

随着《中小学综合实践活动指导纲要》的颁布，中小学综合实践活动课程愈来愈受到重视，但是中小学管理者和实践课指导老师怎样才能高效地实施好每一次实践活动，这一问题亟待解决。

本书从理论和实践两个层面，紧紧围绕课程纲要，阐述了课程的基本理念、课程目标、课程组织策略、课程管理策略、活动主题的设定，介绍了一个完整的实践活动的四个阶段，列举了许多活动指导案例，使学校管理者和一线教师以及教学研究者，了解综合实践活动课程，学习课程的基本理念，掌握课程实施的基本方法，并为其提供详实、有力的借鉴。

本书材料准确、内容详实，既有高屋建瓴的理论指导，又有生动具体的教学案例，是综合实践活动课程领域的一本佳作，体现了理论与实践的完美结合，对当前综合实践活动课程的常态实施和有效实施将起到积极的促进作用，是开展综合实践活动课程的专业指导书籍。

编辑推荐：

综合实践三十年，蛋奶工程美名传。从近二十年的山区乡村教师，到省教科所教研员，再到省教育厅直属西安小学校长，我省著名特级教师、国家首届基础教育成果奖获得者吴积军老师几十年传奇奋斗历程，与中小学综合实践活动结下了不解之缘。他见证了我国综合实践活动课程从理念提出到实践探索，乃至上升为国家教育战略的全过程。他最早敏锐体悟到综合实践活动课程的价值和意义，并投身于中小学综合实践活动课程设计与教学，扎根山区，仰望星空，因地制宜，无畏艰难，拨云见日，独辟蹊径，不断探索中小学综合实践活动的有效方式与方法，不断创新中小学综合实践活动的标志成果和影响，始终走在全国中小学综合实践活动的创新探索前沿，不仅成为陕西基础教育的一大亮点，得到国家领导人和省市领导的现场检阅和表彰，也在全国产生了巨大影响。闻名全国的中小学生"蛋奶工程"即发源于吴老师综合实践活动样板成果，不仅为全国中小学综合实践课程的探索成熟和全面开展做出示范，也使自己这名普通山区教师走上了综合实践活动教研教改的成功之路，成为治学、导学、管理全面精通的闻名全国的基础教育专家。

已出版书目：

倡导诗性教育，点亮孩子心灯

占据全国诗教高地，陕西基础教育走向全国，品牌输出典范之作

中国儿童文学研究会儿童诗歌教育委员会主任、著名儿童诗诗人王宜振老师主编

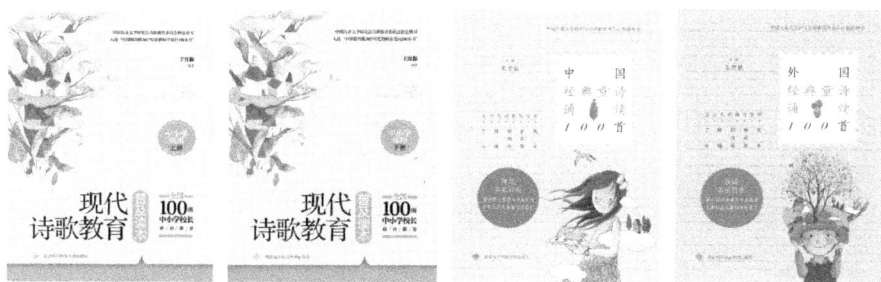

《现代诗歌教育普及读本》（入选 2017 年《中国教师报》"老师喜欢的 100 本好书"）《中国经典童诗诵读 100 首》《外国经典童诗诵读 100 首》《中国经典童谣 100 首》(即出)系列被山东、江苏、浙江、广东、重庆等全国 100 多所中小学采用，一年发行数万册，深受老师、孩子与家长喜爱，成为众多一线老师实施特色教学和学校打造诗意校园的首选教材。

后续计划：

全国著名特级教师曾宝俊老师《小学科学课程实施策略》

陕西省中小学科学教育专家李可老师《如何上好小学科学课》

即将交稿！

教育部《义务教育小学科学课程标准》修订组核心成员，教育部基础教育课程教材专家工作委员会委员曾宝俊主编——

《小学科学新课标内容解析与教学指导（物质科学部分）》

《小学科学新课标内容解析与教学指导（生命科学部分）》

《小学科学新课标内容解析与教学指导（地球科学部分）》

《小学科学新课标内容解析与教学指导（设计与技术部分）》

即将交稿！

《小学科学新课标特级教师经典课例丛书》（拟邀著名教育家朱永新先生主编，精选全国 10 位影响最大的特级教师每人一册）正在筹划之中！

……

西电出版——

科技素养，人文情怀，

致力于人的全面发展。

欢迎赐稿，欢迎合作！

联系方式：

高老师 13072954557 微信同电话 QQ1312196382

邵老师 13572165389 微信同电话 QQ 747718881

西安电子科技大学出版社

2018 年 10 月